本书感谢以下项目资助

1. 江苏高校哲学社会科学研究基金项目：共享经济视阈下的企业创新生态系统运行与演化机理研究（项目编号：2018SJA0421）。

2. 南京市重点学科应用经济学（培育学科）项目（项目编号：宁教高师(2017)7 号）。

3. 南京晓庄学院 2019 年度校级科学研究项目（人文社科类青年专项）：南京构建全国一流创新生态系统对策研究（项目编号：2019NXY35）。

4. 南京晓庄学院商学院高层次课题培育项目：共享经济视阈下的企业创新生态系统运行与演化机理研究。

南京构建全国一流创新生态系统对策研究

王圣元　著

东南大学出版社
SOUTHEAST UNIVERSITY PRESS
·南京·

图书在版编目(CIP)数据

南京构建全国一流创新生态系统对策研究/ 王圣元著. —南京:东南大学出版社,2020. 6

ISBN 978 - 7 - 5641 - 8927 - 3

Ⅰ. ①南…　Ⅱ. ①王…　Ⅲ. ①区域经济-国家创新系统-研究-南京　Ⅳ. ①F127. 531

中国版本图书馆 CIP 数据核字(2020)第 101007 号

南京构建全国一流创新生态系统对策研究

Nanjing Goujian Quanguo Yiliu Chuangxin Shengtai Xitong Duice Yanjiu

著　　者	王圣元
出版发者	东南大学出版社
出 版 人	江建中
社　　址	南京市四牌楼 2 号(邮编:210096)
网　　址	http://www.seupress.com
责任编辑	孙松茜(E-mail:ssq19972002@aliyun.com)
经　　销	全国各地新华书店
印　　刷	虎彩印艺股份有限公司
开　　本	700 mm×1000 mm　1/16
印　　张	10. 25
字　　数	207 千字
版　　次	2020 年 6 月第 1 版
印　　次	2020 年 6 月第 1 次印刷
书　　号	ISBN 978 - 7 - 5641 - 8927 - 3
定　　价	68. 00 元

(本社图书若有印装质量问题,请直接与营销部联系。电话:025 - 83791830)

序

目前南京地区经济增长主要依靠能源、劳动力和物质资本投入，经济增长依然是粗放型的，体现科技与创新能力的创新要素难以在现有经济系统中发挥增长的主导因素作用。改变这一现状依赖于高水平、区域性创新生态系统的构建与运行。

创新生态系统是一个复杂的系统，系统运作必然受到各个子系统之间的互动影响。创新生态系统由 5 个主要子系统构成，这 5 个主要子系统构成创新生态的硬件环境与软件环境：经济、技术是创新生态系统的硬件，政治与法律、社会文化、创新生态管理是创新生态系统的软件。硬件子系统保障生态系统中的物质流动与传递，软件子系统保障生态系统中的信息流动与传递。创新生态系统的作用机理是子系统之间的网络化协同。子系统之间互相协同联结，构成了一个非线性的创新活动支撑环境。软件子系统既有对硬件子系统的反馈与适应，也有对硬件子系统的协调与引领。创新生态系统具备自适应协同演进功能。创新生态系统治理的可能路径是生存于一定经济系统中的创新者与创新组织，在创新基础设施与服务系统的帮助下实现创新活动，通过管理提升创新系统运转的有效性。企业组织通过内部管理创新实现与外界创新系统的匹配。政治与法律环境、经济与市场环境共同决定了创新活动的边界。社会文化环境提高创新的精神动力。宏观与中观视角下的创新生态环境构建与治理活动要通过企业微观层面的管理创新、业务创新、制度创新来实现。

基于创新生态系统的概念模型，构建区域创新生态系统评价指标体系。指标体系从企业创新活动、产业创新水平、区域创新产出和创新活动效率四个方面展开，充分体现了创新生态系统的层次性、系统性、可持续性特征。一流的创新生态系统在以上四个方面均应处于领先水平。南京市创新生态系统建设发展的道路任重道远。

区域创新生态系统普遍存在创新核心企业的缺失和多维资源约束。一个成功的区域创新生态系统必须要注重培育具有本地特色和优势的核心企业和核心产业。区域创新生态系统应发挥体制机制优势、民营经济优势和信息经济优势，从创新物种、创新资源和创新环境三大方面，围绕产业链部署创新链，围绕创新链部署服务链，加快提升区域创新能力。

为了不断完善南京创新生态系统建设，要建立良好的发展动力机制，这样才能使科技创新平台生态系统协调发展，进而带动南京市区域经济的发展。南京创新生态系统的发展，离不开系统内部各创新种群以及区域内外生态环境之间相互交流、相互作用、协同共生的发展态势。南京创新生态系统中各个创新群落根据自身发展情况及周围环境，确定自身在系统中的地位和角色，即创新主体在系统中的创新生态位，为群落发展提供决策依据。为了实现南京创新生态系统的历史使命，需要引导科技创新平台生态系统，整合平台生态系统内外部资源，为南京市、江苏省区域经济发展提供技术支撑。以南京市区域经济社会重大需求为导向，推动平台创新资源深度融合。

科技政策对于区域科技创新平台生态系统的发展起到至关重要的作用。区域创新平台建设应紧密围绕区域创新驱动发展战略要求，在政府的统筹规划下，以科技创新为核心构建政策制度框架，促进区域科技创新平台生态系统发展，带动区域科技创新能力的提高。

本书从营造良好发展环境、科技项目融资保障、培育企业自主创新能力、优化资源配置、构建区域协同创新网络等角度给出了具体的政策建议。

王圣元

2020 年 5 月

目录

第1章

绪 论

第1节 研究目标

1.1 研究背景

党的十九大报告提出要坚定实施创新驱动发展战略，加快建设创新型国家，强调创新是引领发展的第一动力。中国经济增长能否从要素驱动、投资驱动转向创新驱动，是发展成功与否的关键。创新活动是一个系统工程，单一组织很难拥有创新所需要的全部资源。创新组织之间、创新组织与其他相关组织之间的协同共生成了新的发展趋势。构建创新生态系统是变革时代创新、创业、公共管理、产业发展的重要基础。创新生态系统是指一定区域内各种创新种群之间、创新种群与创新环境之间，通过物质流（物质、信息、能量）、人才流的联结传导，形成动态演进、共生竞合的开放、非线性、多层次的复杂系统。创新生态系统组成的基本要素是物种（如企业、高校、科研机构、政府等）。创新物种的集合是创新种群。多种创新种群联结形成各种群落，种群和群落在共生竞合的相互作用中动态演化，并形成系统整体演化。[①] 创新生态系统有宏观、中观、微观的层次之分。宏观层次的是国家创新生态系统，中观层次的是省级或市级区域创新生态系统，微观层次的是科技园区和企业创新生态系统。三个层次的创新生态系统也可视为一个复杂巨系统的子系统。

近年来，南京市认真贯彻中央和省委省政府的决策部署，大力实施创新驱动发展战略，加快建设创新型城市，着力建设创新生态系统，在促进科技创新与产业相

① 陈万明，王圣元. 产业内竞争、技术进步与增长收敛性测度——基于生态学视角[J]. 科技管理研究，2018，38(2)：119－124.

衔接、以产业转型升级牵引新旧动能转换、打造开放创新高地等方面进行了积极有效的探索，取得了显著的成绩。在《2016—2017 中国创新城市评价报告》中，南京的创新综合指数排在参评城市的第五位，其中，创新资源和创新投入排名第二，但是创新产出和创新效率的排名却明显靠后。为何南京在创新资源、创新投入等方面优势较为明显，但创新的产出效益却不高呢？因为南京优越的科教资源并未充分释放为科技创新和产业发展优势，无论是科技成果落地、新型研发机构培育，还是从高层人才引进和培育以及具有国际影响力的科技创新型企业的成长和发展来看，与深圳市等创新先进城市相比都有较大的差距。主要表现在以下几个方面：一是企业创新能力不足。2016 年南京市高新技术企业 1698 家，远低于深圳 8037 家、广州 4739 家、苏州 4133 家。二是创新创业的生态环境营造不足。南京的创新创业载体、机制和资金等方面与深圳相比有较大差距，全市支持创新的各类基金规模还很小，创新生态系统缺乏充分的资本来源。三是创新高度不高。缺乏像深圳“国家基因库”这类综合能力位居世界第一的国家级平台，目前南京新型研发机构只有 35 家，仅为深圳的 1/3。

2018 年开始，南京市委市政府已经确定实施创新驱动发展“121”战略部署，出台了推动科技创新 1 号文件及 51 项实施细则和相关工作文件，制定了“两落地一融合”等 10 大工程作为具体支撑，力推创新驱动和高质量发展。但实践运行的结果表明，单纯增加创新资源投入并未能实现理想目标。南京市面临的主要任务是如何合理地集聚和链接创新资源和要素、形成运转有效的生态机制，从而形成更加完善的一流创新生态系统，高效持续地推进南京创新名城向更成熟的阶段发展。

1.2 研究目标

考虑经济高质量发展的时代背景，从适应性演进和共生协同的视角，研究创新生态系统的运行机理与演化，形成有助于激发、调节和完善创新行为的运行机制。比较并阐明创新生态系统的概念。提炼创新生态系统的特征，划分出创新生态系统的发展阶段并阐释系统演化发展的机理，分析创新种群间共生协同关系所形成的协同效应，探究企业创新生态系统的运行机制。通过理论分析提炼一流创新生态系统的内涵，提出一流创新生态系统的评价标准，研判南京市创新生态系统建设的健康状况，并在实践上对标创新建设先进城市，多维度全方位对标找差，以准确掌握南京市在构建一流创新生态系统的优势与劣势，从而深入分析南京市创新建设存在的突出问题和原因。在此基础上，提出具有较高应用价值，旨在助推南京市构建一流创新生态系统、加快提升一流创新名城建设水平的政策咨询建议与对策。

1.3　研究意义

将生态学、生态系统理论、创新管理理论与共享经济理论相结合，结合生态系统发展的各种规律和特征来研究创新生态系统，这为理解创新生态系统中各利益相关者关系和系统运行机制提供了一种新的研究思路。引入生态理论中的种群生命周期理论、种群合作原理作为测度方法，对创新生态系统的适应性演进进行定量分析，有助于对创新生态系统从量变到质变的演化机理提供确切的阐释依据。

本研究拓展和优化了城市创新生态系统评价体系。在重点阐明创新体系向创新生态系统演进的原理、加强对创新环境要素及其影响分析的基础上，增加“创新环境”(政策、文化、设施等)指标，进而构建创新生态系统适宜度评价体系及评估模型，为优化城市创新生态系统评价体系充实理论基础，为测度南京市创新生态系统健康状况提供优化工具。

本研究通过对标找差探索南京市建设一流创新生态系统的有效路径。在文献研究的基础上，选取杭州、深圳等城市作为创新生态系统先进对标城市，比较归纳南京市构建一流创新生态系统的优势、特色以及问题与不足，并针对性地提出操作性强与可行性高的政策建议供政府咨询参考。

第2节　国内外研究现状分析

2.1　国外研究现状

创新活动是一个系统工程。学者们相继提出了“创新系统(System of Innovation)”

概念[①]、"国家创新系统"(National Innovation System)概念。[②] 经济合作与发展组织(Organization for Economic Cooperation and Development，简称：OECD)推动"国家创新研究项目(NIS Project)"，发表《以知识为基础的经济》《国家创新体系》研究报告[③,④]，标志着国家创新系统从学术研究走向实践。人们对类似问题的研究热情来自实践。日本经济在第二次世界大战之后的迅速崛起，20世纪90年代之后的增长停滞，以及美国经济在高科技产业推动下的持续增长都给人们提出了新问题。美国总统科技顾问委员会(PCAST)发表了《维护国家的创新生态体系、信息技术制造和竞争力》《维护国家的创新生态系统：保持美国科学和工程能力之实力》两个研究报告[⑤,⑥]，正式将创新生态系统(Innovation Ecosystem)作为研究的核心概念。

创新生态系统的研究对象和研究范围确定了研究边界。以Moore[⑦]为代表的学者明确了研究的边界。这个边界中包含了创新体系的各方利益相关者。[⑧⑨]以Chesbroush[⑩]为代表的学者将焦点企业作为研究中心，模糊化创新生态系统的边界。[⑪,⑫]

系统边界问题理清后，学者们开始研究企业创新生态系统的构建与治理目标

---

① Lundvall B A, Vinding A L. Product innovation and economic theory—user-producer interaction in the learning economy[M]// Research on Technological Innovation, Management and Policy. Bingley: Emerald (MCB UP): 101－128.

② 克里斯托夫·弗里曼. 技术政策与经济绩效：日本国家创新系统的经验[M]. 张宇轩，译. 南京：东南大学出版社，2008.

③ OECD. The Knowledge Based Economy[R]. 1996—1997.

④ OECD. The National Innovation System[R]. 1996—1997.

⑤ PCAST. Sustaining the Nation's Innovation Ecosystems, Information Technology Manufacturing and Competitiveness[R]. 2004.

⑥ PCAST. Sustaining the Nation's Innovation Ecosystem: Maintaining the Strength of Our Science & Engineering Capabilities[R]. 2004.

⑦ Moore J. Predators and prey: a new ecology of competition[J]. Harvard Business Review, 1993, 71(3): 75－86.

⑧ Helfat C E, Peteraf M A. Managerial cognitive capabilities and the microfoundations of dynamic capabilities[J]. Strategic Management Journal, 2015, 36(6): 831－850.

⑨ Adner R. The Wide Lens: A New Strategy for Innovation[M]. London: Penguin, 2012.

⑩ Chesbrough H. Open Innovation: the New Imperative for Creating and Profiting from Technology[M]. Boston: Harvard Business School Press, 2003.

⑪ Amit R, Zott C. Crafting business architecture: the antecedents of business model design[J]. Strategic Entrepreneurship Journal, 2015, 9(4): 331－350.

⑫ Salonen A, Jaakkola E. Firm boundary decisions in solution business: examining internal vs. external resource integration[J]. Industrial Marketing Management, 2015, 51(5): 171－183.

问题。企业创新生态系统治理目标主要关注系统协调与控制问题[①,②]，或者相关利益者的价值最大化问题。[③]

2.2 国内研究现状

国内研究始于对外国研究的介绍，主要关注创新生态系统的概念与特征。创新生态系统强调创新系统的自组织性、多样性、平衡以及创新主体的共生共荣。[④]创新系统是一个生态系统，其创新过程具有协同性。协同创新网络是一个自增益循环的生态系统。[⑤]

可见，创新生态系统是指创新活动过程中，各个创新种群(企业、高校与科研机构、政府等)进行协同创新所构成的自增益循环复杂系统，这一系统在物质流动与供给、信息传递、子系统(种群)互动反馈和演化逻辑上符合生态学特征。从创新生态系统的视角研究协同创新与竞争在经济增长中的作用，有着积极的意义。[⑥]

创新生态系统研究需要从理论逻辑出发寻找创新生态系统运作的原理与机制。[⑦]随着对创新生态系统研究的深入，按研究视角不同进行划分，可以将创新生态系统研究分为微观、中观、宏观视角。[⑧] 微观视角主要研究企业的创新生态系统[⑨,⑩,⑪,⑫]，这一类研究主要通过单案例或多案例研究企业内部创新"小生境"。中观视角主要

---

① Lumineau F, Henderson J E. The influence of relational experience and contractual governance on the negotiation strategy in buyer-supplier disputes[J]. Journal of Operations Management, 2012, 30(5): 382 - 395.

② Carson S J, Madhok A, Wu T. Uncertainty, opportunism, and governance: the effects of volatility and ambiguity on formal and relational contracting[J]. Academy of Management Journal, 2006, 49(5): 1058 - 1077.

③ Wareham J, Fox P B, Cano Giner J L. Technology ecosystem governance[J]. Organization Science, 2014, 25(4): 1195 - 1215.

④ 孙福全. 创造有生命力的创新生态系统[N]. 经济日报，2012-02-01(15).

⑤ 刘丹，闫长乐. 协同创新网络结构与机理研究[J]. 管理世界，2013(12)：1 - 4.

⑥ 陈万明，王圣元. 产业内竞争、技术进步与增长收敛性测度——基于生态学视角[J]. 科技管理研究，2018，38(2)：119 - 124.

⑦ 梅亮，陈劲，刘洋. 创新生态系统：源起、知识演进和理论框架[J]. 科学学研究，2014，32(12)：1771 - 1780.

⑧ 赵放，曾国屏. 多重视角下的创新生态系统[J]. 科学学研究，2014，32(12)：1781 - 1788.

⑨ Minniti M. The Dynamics of Entrepreneurship: Evidence from Global Entrepreneurship Monitor Data[M]. Oxford: Oxford University Press, 2013.

⑩ 吕一博，蓝清，韩少杰. 开放式创新生态系统的成长基因——基于 iOS、Android 和 Symbian 的多案例研究[J]. 中国工业经济，2015(5)：148 - 160.

⑪ 颜永才. 新常态下企业创新生态系统与自主创新战略研究[J]. 科学管理研究，2015，33(5)：74 - 77.

⑫ 钱堃，鲍晓娜，王鹏. 核心企业主导的创新生态系统新能力开发：一个嵌入式单案例研究的发现[J]. 科技进步与对策，2016，33(9)：53 - 61.

研究产业创新生态系统①,②,③,④,⑤,⑥或区域创新生态系统⑦,⑧,产业创新生态系统研究以某一产业中企业的整体为研究对象,研究常常聚焦于企业的外部环境。宏观视角主要研究国家创新生态系统⑨,⑩。

在研究对象层面,以产业和地区为视角的中观创新生态系统研究较多,但是缺乏将二者结合起来考虑的研究。目前的研究,或者从企业和企业种群的视角展开,或者从企业创新的外部环境展开,缺乏企业种群之间互动关系的研究,也缺乏企业种群与所处创新环境之间关系的研究。对创新生态系统的研究主要停留在静态研究,缺乏动态演进分析。本书将从"创新生态系统演进"和"创新种群间关系"两个视角展开研究。⑪

在研究方法层面,目前创新生态系统研究主要是构建各种评价指标体系。例如,从创新生态系统的生态适宜度⑫,⑬、健康度⑭、风险度⑮、效益度⑯等视角进行评价指标体系构建。

---

① 伍春来,赵剑波,王以华. 产业技术创新生态体系研究评述[J]. 科学学与科学技术管理,2013,34(7):113-121.

② 吴绍波. 战略性新兴产业创新生态系统协同创新的知识投入激励研究[J]. 科学学与科学技术管理,2013,34(9):71-76.

③ 吴绍波,顾新. 战略性新兴产业创新生态系统协同创新的治理模式选择研究[J]. 研究与发展管理,2014(2):13-21.

④ 李恒毅,宋娟. 新技术创新生态系统资源整合及其演化关系的案例研究[J]. 中国软科学,2014(6):129-141.

⑤ 张利飞,吕晓思,张运生. 创新生态系统技术依存结构对企业集成创新竞争优势的影响研究[J]. 管理学报,2014,11(2):229-237.

⑥ 陈衍泰,孟媛媛,张露嘉,等. 产业创新生态系统的价值创造和获取机制分析——基于中国电动汽车的跨案例分析[J]. 科研管理,2015(S1):68-75.

⑦ 刘洪久,胡彦蓉,马卫民. 区域创新生态系统适宜度与经济发展的关系研究[J]. 中国管理科学,2013,21(S2):764-770.

⑧ 张仁开. 上海创新生态系统演化研究——基于要素、关系、功能的三维视阈[D]. 上海:华东师范大学,2016.

⑨ 曾国屏,苟尤钊,刘磊. 从"创新系统"到"创新生态系统"[J]. 科学学研究,2013,31(1):4-12.

⑩ European Commission. Open Innovation 2013 [R]. 2013.

⑪ 陈万明,王圣元. 产业内竞争、技术进步与增长收敛性测度——基于生态学视角[J]. 科技管理研究,2018,38(2):119-124.

⑫ 刘洪久,胡彦蓉,马卫民. 区域创新生态系统适宜度与经济发展的关系研究[J]. 中国管理科学,2013(11):764-770.

⑬ 郭燕青,姚远,徐菁鸿. 基于生态位适宜度的创新生态系统评价模型[J]. 统计与决策,2015,(15):13-16.

⑭ 李福,曾国屏. 创新生态系统的健康内涵及其评估分析[J]. 软科学,2015,29(9):1-4.

⑮ 周大铭. 企业技术创新生态系统运行风险评价研究[J]. 科技管理研究,2014,34(8):48-51.

⑯ 王素芳. 新型城镇化背景下城市创新生态系统生命周期评判研究—以太原市为例[D]. 太原:太原理工大学,2015.

2.3　研究趋势

总体看来，目前对创新生态系统的概念尚未形成共识，也缺乏对创新生态系统的运行机理和治理路径的研究。创新生态系统没有形成独立、完整的理论架构。对创新生态系统的研究"生态学"分量不足，尤其缺乏对数量生态学、种群动力学、演化经济学方法的综合应用。在共享经济视阈下分析创新生态系统的运行机理的研究比较少见。

考虑中国社会的实际情况，对创新生态系统的概念进行梳理并厘清其运行机理是本课题的主要研究目的之一。国外创新生态系统研究历程和国内经济增长与供给侧改革的压力均促使我们以生态学的视角来看待创新系统，研究创新生态系统中不同种群之间的相互关系，研究创新生态系统是如何演进的，以及研究如何进行创新生态系统的治理与优化。共享经济的发展对创新生态系统的影响将逐渐显现，如何利用共享模式构建协同发展的创新机制是一个理论与现实意义兼具的研究问题。

目前创新生态系统研究呈现出以下趋势：从对创新生态系统的特征描述转变为对创新生态系统的运行机制分析；从对创新生态系统的静态评价发展为对创新生态系统的动态演进分析；从研究某一个企业或某几个企业的案例转变为研究企业复杂的组织行为；从研究单一种群问题演变为研究多种群互动问题。在研究方法上呈现出从评价指标体系构建、生态位测算、Logistic 模型等生态学方法的单一应用向复杂深入的数量生态学、种群动力学等综合复杂模型应用过渡。

第3节　研究内容

3.1　研究内容

本书以目前创新生态系统在促进企业创新过程中存在的问题为导入，在新经济模式视阈下，运用创新管理、生态学、演化经济学等相关理论，分析创新种群成长与创新生态系统适应性演进的机理，评估区域创新生态系统绩效，据此设计区域创新生态系统运行机制，进而提出优化区域创新生态体系的政策建议。

3.1.1　创新生态系统的概念与特征

从理论上对区域创新生态系统进行识别是本项目研究的基础。界定创新生态系统和区域创新生态系统的概念，厘清区域创新生态系统的内涵和边界，确定研究范围；对区域创新生态系统的特征进行提炼，以进一步区分与其他生态系统的差异；解释区域创新生态系统特征和区域创新行为之间的关系，为优化系统设计的政策建议提供立足点。具体内容如下：创新生态系统、区域创新生态系统概念模型构建；区域创新生态系统的特征提炼。

3.1.2 共生协同视角的创新种群间关系研究

最大限度地调动各方资源，协同服务于创新的全过程，这是构建创新生态系统的意义所在。在协同的各种形态中，共生协同最能反映创新生态系统种群间的关系。在共生协同视角下，创新者和其他种群之间是合作关系，共生体之间因利益一致而达到共赢的协同效果。结合研究中对创业生态系统发展阶段的划分，具体分析不同发展阶段的特征下种群间呈现的不同合作结构，并对种群间共生协同形成的效应进行实证检验。具体内容如下：创新生态系统种群间关系研究；创新生态系统种群间共生协同效应实证分析。

3.1.3 创新生态系统演化机理

系统的演化是系统由一种不成熟的结构或形态逐渐向成熟的结构或形态转变的发展过程，系统演化在内部动力和外部环境动力的共同推进下进行。围绕提高创新数量和质量的目标，使创新生态系统的发展与创新者的要求相适应、与创新驱动的社会经济环境相适应，是系统演化发展的重要路径。本研究选择以创新生态系统与创新主体发展的适应性演进为内部动力、以创新生态系统与社会经济环境的适应性演进为外部动力，探索创新生态系统的演化机理。具体研究内容如下：创新生态系统发展阶段；创新生态系统与创新主体需求的适应性演进机理；创新生态系统与外部环境的适应性演进机理；创新生态系统健康度评价。

3.1.4 创新生态系统协同发展机制构建

依据提炼的生态系统的特征维度，结合研究得出的内外动力因子，划分出创新生态系统的二级子系统，每个子系统设计相应测量指标，据此构建创新生态系统中创新种群作用关系模型，据此优化创新管理机制。根据创新生态系统健康评价和运行机制调适的结果，构建政府、企业、高校、科研机构、非营利组织等多方协同的创新政策体系。具体内容如下：创新生态系统的影响；基于系统动力学模型的创新生态系统运行仿真模拟；创新生态系统治理与优化的对策。

3.1.5 城市一流创新生态系统的内涵及其运行机理分析

分析城市的创新体系与创新生态系统的异同,研究城市创新环境、创新管理机制等对城市创新生态系统创新制造、创新产出的重要性;基于创新种群、创新资源、创新载体、创新环境等多要素的集群效应、协同共享及共生演化研究城市一流创新生态系统的核心特征,提炼城市一流创新生态系统的内涵及构成要素,探索一流的城市创新生态系统的运行机理。

3.1.6 南京市创新生态系统的生态适宜度评价

借鉴生态位理论与生态适宜度评价方法的基本思想,结合城市一流创新生态系统的核心特征,建立城市创新生态系统的生态适宜度评价指标及测评模型;收集官方公布与实地调研获得的关于南京市创新生态系统适宜度的评价数据,比较南京市创新生态系统的现实生态位与一流生态位的接近程度,以便综合准确地把握南京市创新生态系统的健康状况和演化趋势。

3.1.7 南京市构建一流创新生态系统的对标分析

结合我国创新城市评价报告,遵循创新生态系统的自组织性、共生演化性和开放协同性等特性,选取杭州、深圳等城市作为对标城市,聚焦比较南京市在平台载体、人才竞争、金融支持、政策引导、创新管理等多方面的优势与劣势;归纳分析南京市创新生态系统建设存在问题的突出原因,进一步揭示南京市构建一流创新生态系统的发展瓶颈,为优化南京市创新生态系统建设决策提供重点方向。

3.1.8 南京市构建一流创新生态系统的路径和对策研究

基于南京市创新生态系统的适宜度评价及其与杭州、深圳等标杆城市的对标分析,准确把握南京市在构建一流创新生态系统的突出问题和矛盾,从法规政策引导、创新效率提升、创新成果转化、领军企业培育、创新链条完善等创新生态系统多要素共生协同的视角,提出南京市建设一流创新生态系统的路径及其对策,为南京市政府建设创新名城提供政策咨询报告。

3.2 拟解决的关键问题

3.2.1 创新生态系统的演化机理

创新生态系统是一个开放的、多反馈回路、非线性的复杂系统。其主要子系统之间的协同与竞争推进了系统演化。了解其演化机理有助于寻找创新生态系统的治理路径。新经济将对创新生态系统产生显著影响，并改变创新生态系统的演化机理。

3.2.2 创新生态系统协同发展机制构建

充分考虑经济高质量发展的时代背景，通过量化的系统仿真模型研究创新生态系统协同发展的机制，构建符合时代要求的创新生态系统发展机制，提出促进创新生态系统治理与优化的对策。

3.2.3 构建城市创新生态系统评价体系

构建全面的城市创新生态系统评价体系，突出一流创新生态系统的核心要素和重要特征。在创新城市评价指标体系的基础上，引入创新环境、创新管理机制等维度，包含经济环境、技术环境和文化环境，以及创新政策、创新法规、创新激励等二级指标，能较为准确地反映城市创新生态系统建设的水平，更好地诠释城市一流创新生态系统的内涵特征。

3.2.4 提出构建一流创新生态系统的基本思路

运用创新生态系统的观点解读南京市创新水平现状，提出构建一流创新生态系统的基本思路。通过构建创新生态系统适宜度评价体系，对南京市的创新生态系统建设情况进行量化评价，发掘南京市创新生态系统建设存在的创新资源丰富、创新投入较高，但创新产出和创新效率却较低及创新环境下诸多支持要素耦合度较低等问题，针对性地提出提高创新环境各支持要素共生协同、加强政府创新环境塑造等对策建议。

3.3 主要思想与观点

本研究拟运用管理学与生态学等理论与方法，研究一流创新生态系统的构成要素、核心特征和运行机理，并在原有的创新城市评价体系的基础上加入生态环境、创新管理等要素，构建城市创新生态系统生态位适宜度评价体系，量化评价南京市创新生态系统的健康状况。进一步对标杭州、深圳等先进城市有关建设创新生态系统的有益经验，深入分析南京市创新建设优劣势的突出矛盾所在，紧密联系当前南京市建设创新名城的实际情况，提出建设具有南京特色的全国一流创新生态系统城市的对策与建议。

创新生态系统源于创新体系，但具有更强的生态隐喻，是创新体系的高阶进化形态，能更好地提升创新竞争力。创新体系多以“工程学”视角关注资源配置的投入产出比较，创新要素相对静态、要素关系线性化。创新生态系统用生态学的规律性方法研究创新体系，要素关系呈现动态、非线性关系。创新竞争力的胜出，正是得益于创新生态系统的“差异之美”，“生态学”的理念恰好能深入地解释其中的作用机理。南京市在创新城市评价总指数中排名第五，处于较先进的创新城市队列，但创新投入产出效率较低、创新成果转化应用不强，这说明良好的创新体系并不等同于一流的创新生态系统，原有的创新评价体系缺乏考虑创新环境诸如政策环境、文化氛围等生态要素形成的完善的创新生态系统。

一流的城市创新生态系统不仅包括主体群落构成核心要素，也包括环境群落形成支撑要素，强调主体群落与环境群落的高度契合。与自然生态系统相似，高校、科研机构、创新人才等构成生产种群，领军企业、竞争对手、供应商、生产制造商等构成消费种群，消费者、中介机构等构成分解种群，资金、知识、土地等构成生产环境种群，交通、技术条件和信息网络构成基础设施种群，创新氛围、文化传承等构成创新环境种群。各创新群落形成创新要素集聚的“雨林”效应，一流创新生态系统要求实现高水平的主体群落与环境群落适宜度。南京市创新体系排名较高，但创新产出并不理想，除了创新环境有所缺失外，还可能与创新的主体群落与环境群落的契合度不高、无法全面受益于创新“雨林”效应有关。

政府在优化创新群落空间布局和营造良好产业环境中具有主导作用。在一流创新生态系统建设进程中，政府应该从技术政策向生态化的创新政策转变，强调政府的创新治理。南京市的创新主体群落，例如南京市的高校、科研机构以及南京市的主导产业、新兴战略产业等，在数量上或产业规模上与杭州、深圳等大致相当甚至还有所超越，具有独特的创新资源和创新投入优势，但在创新空间上并没有很好地集聚，并且围绕创新种群形成支撑要素的种群环境也较为缺失。而政府在创新空间布局上应该发挥政策的调节导向机制，尤其是在营造城市创新环境上应该具有主导地位，因此需要政府不断地优化创新种群的空间布局，发挥创新种群的创新溢出效应，加强创新文化、创新氛围和文化传承的培训作用，使创新成为南京市的文化自信与文化自觉。

不断提高创新资源效率，是发挥南京市创新资源优势的重要突破口。创新效率是支撑城市创新能级生态跃升的关键环节，是推进一流创新生态系统进程的核心节点。在创新城市评价报告中，南京市创新评价呈现以下特点，即创新资源与创新投入排名第二，创新企业排名第六，创新产业排名第十一，创新产出和创新效率排名第九，创新投入与创新产出的比值远低于杭州、深圳等对标城市，这充分说明创新资源对应的创新投入并没有发挥其支撑产业发展、推动技术成果产业化的作用，因此，在南京市构建一流创新生态系统的进程中需要不断地提高创新产出与投入比，充分发挥高校与科研机构的科技力量对产业共性技术培育与开发应用的引领作用。

培育具有国际影响力的创新型领军企业集群能够形成行业的“创新极”。在创新地理空间形成的具有国际影响力的领军企业创新群体，能够重塑商业创新模式，带动创新的“颠覆式”发展。在创新生态系统城市建设进程中，杭州和深圳分别以阿里巴巴和华为为代表，以创新为企业特色形成综合的创新生态圈，产生了巨大的创新效益和社会创新效应，对于培训创新文化、营造社会创新氛围具有良好的示范作用。然而，当前南京市创新型的领军企业无论是在数量规模上还是在产出效益上，相比对标城市均具有较大的差距，需要不断地优化产业结构，加快培训诸如瞪羚企业、独角兽企业等创新型企业群体，形成创新行业的“创新极”。

畅通科技创新转化渠道是深化创新生态系统研发创新与成果应用的关键保障。据统计，来自高校的基础创新中，95%的成果在转化过程中被市场淘汰，仅有5%最终实现产业化。结合南京的突出特点，在一流创新生态系统构建中应不同于杭州、深圳等城市以民营企业为创新主体，而是应积极鼓励高校与企业联合组建新型研发机构、科研平台、科技企业孵化器等，支持企业作为重要主体牵头参与组织产业化项目等。但更为重要的是，应该构建通畅的科技成果转化渠道，因为科技创新成果转化是实现创新生态系统创新价值的重要体现。当前南京市创新成果转化率不高，为更好地激励产学研创新成果研发，推动技术成果转移转化，需要积极推动各类产业公共服务平台建设，积极实施创新激励机制和完善技术转化支持保障措施。

建立健全创新资源集聚和共享机制需要不断强化创新载体链、人才链和资本链等创新链式组合。创新生态系统的城市竞争力的保障在于创新资源要素在地理空间上的规模集聚，需要建立创新资源要素的共享机制。因此，南京市要以高新园区为主阵地，支持企业围绕主导产业建设市级以上公共技术服务平台、组建国家级产业技术创新战略联盟，搭建创新生态系统多元载体链；积极鼓励高校科技人才参与创新创业活动，成立人才创业服务中心和创业导师团，形成人才创业服务全方位链条；强化政府产业引导资金，出台优惠政策引进风投基金，以政府“小资金”撬动社会“大资本”，形成从风险投资到创业板的完整的“创新资本链”；建立创新政策调整完善机制，在有限的地理空间内实现各创新资源有机集聚；建立资源共享合作共赢机制，加快培育新的创新经济增长点。

第2章

理论基础

第1节　创新理论

1.1　马克思的创新观点

1.1.1　马克思对创新的认识

根据对现存的马克思著作的梳理发现，马克思虽然没有提出系统性的创新理论，但是在其著作中有大量关于创新及其相关问题的经典论述。马克思从创新的要素、创新的主体、创新的形式、创新的类别、创新规律、技术创新破坏性等角度分别进行了阐释。这些观点对熊彼特在创新领域相关研究产生了极其重要的影响，同时为当下马克思主义创新思想研究提供了丰富基础资料。

从创新要素与创新主体研究视角来看，马克思认为创新的主体是人(人民群众)。从人类社会的实践出发，人类历史活动是人民群众的事业，伴随着人类活动深入地开展，必将带来人民群众群体的不断扩充。

从创新形式、创新类别的研究视角来看，马克思将创新的形式(创新分类)划分为科学创新、技术创新、制度创新三种最为基本的形式。他指出社会(化)的劳动生产力由于生产协作、工场内部分工和机器的运用，以及力学、化学等自然科学和工艺开发的研究与运用促成了与这一切相适应的大规模劳动。

在以上人类社会的生产过程中，物理学、化学等自然科学的运用是科学创新；人们在生产过程中使用新的生产制造技术、新的生产工艺能够带来的生产工具的改进(如机器的运用和改进)，这些都是技术创新；人类社会生产过程中的分工和协作、实行新的生产组织形式、采用新的管理方式，或者进行生产关系的变革、政治与上层建筑的变革，这些属于制度创新的范畴。科学创新、制度创新和技术创新之间的关系是相互影响、相辅相成的。为了提高人类社会的整体生产力水平，科学创新、制度创新、技术创新缺一不可，科学创新是创新活动的基础，技术创新是创新活动的核心，制度创新是创新活动的保障。

1.1.2 马克思的资本主义技术创新破坏性观点

技术创新破坏性思想的相关论述作为马克思(技术)哲学思想的重要组成部分，得到了马克思充分的阐述。马克思基于对技术创新破坏性的论证分析，将关于技术创新的一般理论和批判理论有机构建成了一个统一的理论体系。在资本主义生产方式的演变过程中，经历了技术创新对劳动方式的不断破坏。

资本主义生产始于对手工业的破坏。工人被雇佣并在一起工作，这样就打破了原本相对独立的手工劳动。机器大工业从工场手工业的内部孕育并萌发。蒸汽机、纺纱机等技术创新推动了资本主义的产业革命。这些机器的发明和使用同时也破坏了工场手工业的工作方式。资本主义的生产方式由工场手工业进入到机器大工业时代。

技术创新破坏旧的劳动技能和劳动方式，造成了产业活动的巨大变化。同时，机器对工人生理和心理方面也造成了破坏。机器的发明和使用没有减轻工人的劳动强度，反而增加了工人的劳动负荷。“由于采用机器，不仅劳动生产率(从而劳动质量)提高了，而且在一定时间内消耗的劳动量也增加了。时间的间隙由于所谓劳动紧凑而缩小了。”①

机器使工人的劳动力贬值，造成工人的失业和贫穷。“一旦工具由机器来操纵，劳动力的交换价值就随同它的使用价值一起消失。工人就像停止流通的纸币一样卖不出去。”②人在劳动过程中的作用不断地被技术创新用机器所取代，劳动力的价值在不断地贬值。

在资本主义条件下，技术创新将劳动者变成劳动条件的奴隶，并且为机器的运行所控制。马克思认为技术创新既有直接破坏性，也有间接破坏性。直接破坏性在生产劳动中直接地表现出来。间接破坏性是指技术创新间接地造成了对自然、人类社会的异质性影响。和直接的技术创新破坏性相比较，这种间接的技术创新破坏性在破坏程度、破坏范围上都变得更加强大了。

技术创新虽然具有破坏性，但是这种破坏性是可以被转化和扬弃的。在技术创新破坏性的转化中包含着社会更多的发展和人类更大的解放。马克思在对技术

---

① 马克思.机器、自然力和科学的应用[M].北京：人民出版社，1978：20.

② 马克思.资本论(第一卷)[M].北京：人民出版社，2004：495－496.

创新的破坏性批判的同时，为我们指出了技术创新破坏性转化的方向和方式。①

技术创新加速了资本主义社会的两极分化，工人阶级的队伍也得到不断的发展壮大。“随着工业的发展，无产阶级不仅人数增加了，而且它结合成更大的集体，它的力量日益增长，它越来越感觉到自己的力量。”②

马克思的技术创新理论可以概括为技术一般理论和技术批判理论两大体系。在马克思的技术一般理论中，技术创新没有破坏性并表现为正价值，是人类社会发展的根本动力。在技术批判理论中，技术创新造成了许多破坏性的后果。马克思的技术一般理论是马克思技术批判理论的前提。实现技术创新破坏性的转化是马克思批判资本主义制度提出的最终目标。马克思是创新理论的先驱，马克思的创新思想并不是完全限于经济学意义，而是具有普遍的理论意义。

1.2　熊彼特对创新的认识

在经济学研究领域，熊彼特被公认为最早提出“创新”概念的知名经济学家。熊彼特在《经济发展理论——对于利润、资本、信贷、利息和经济周期的考察》这一经济学的经典之作中，以动态和发展的观点分析了创新和资本主义。他通过引进“企业家”和“创新”导出了资本主义，进而阐释了经济发展的根本现象。③

熊彼特认为创新过程是一个不破不立的过程，创新是指在生产体系中使用生产要素与生产条件的新组合，这一过程实质上是一种具有创造性的破坏过程。熊彼特认为企业家在创新过程中发挥非常重要的作用。发明者对创新的贡献是非常有限的，只有发明被成功地应用于生产运营系统才有现实意义。将发明成功应用于生产系统是企业家的职责所在，企业家有能力把生产要素与生产条件的新组合引入生产体系，因此企业家对创新过程的贡献更大。

资本主义经济增长有其固有的周期性，这个周期包括繁荣、衰退、萧条和复苏四个过程。熊彼特认为创新因素决定着资本主义经济周期的螺旋式演化，只有不断创新，才能保证经济持续增长。如果缺乏创新会造成经济系统长期处于衰退和萧条之中，并且复苏无望。熊彼特运用创新理论推导出了他的经济周期理论，经济周期理论又反过来证明了他创新理论的科学性。

---

① 马克思.资本论(第一卷)[M].北京：人民出版社，2004：501.

② 马克思，恩格斯.共产党宣言[M].北京：人民出版社，2009：36.

③ 薛光明.创新理论的发展与反思：一个理论综述[J].经济论坛，2017(12)：145－151.

资本主义经济发展不同于资本主义经济增长，经济发展是一种质变过程，经济发展是生产方法的新组合，经济发展是一个动态过程，具有创新能力和活力的企业不断发展，在创新过程中实现生产要素的优化组合，经济就会不断发展。

创新是将一种从来没有出现过的关于多种生产要素和不同生产条件的新组合引入到生产系统中去，所谓创新就是建立一种新的生产函数。

熊彼特所讲的"创新"主要涵盖新产品、新技术、新市场、新的原材料供应来源、新的企业组织五个方面。"创新"是资本主义的本质特征。

1.3 熊彼特的技术创新破坏性观点

熊彼特创新理论的核心概念是技术创新的破坏性。经济发展不是来自外在因素的影响与作用，而是在经济体系中自发地出现的。创新是建立一种新的生产函数，新的函数是对旧的函数的破坏，因此破坏性是经济发展的本质。

技术创新的这种破坏性表现在对原有的陈旧生产体系、原有陈旧的企业组织、原有的陈旧产品、原有陈旧的生产方法的破坏上。技术创新往往发生在新生产体系、新企业中，因为新生产体系、新企业更容易承受由于技术创新造成的不确定性甚至失败。技术创新对旧企业和旧的生产方法的破坏是毁灭性的。技术创新带来的竞争与以往不同。"这种竞争打击的不是现有企业的利润边际和产量，而是它们的基础和生命。这种竞争比其他竞争有大得多的效率，犹如炮轰和徒手攻击的比较。"①

在熊彼特看来，"从事这样的新事物和建立一种截然不同的经济职能是困难的，首先是因为它们不属于人人懂得的日常事务，其次是社会环境抗拒这种新事物。"②在常规事务的范围之外，建立起新的规则，只有少部分有特殊才能和智力的人能够做到。

熊彼特还充分论述了企业家与企业家职能。企业家"存在有一种梦想和意志，要去找到一个私人王国，常常也是一个王朝"。③ 企业家"存在有征服的意志，战斗的冲动，证明自己比别人优越的冲动，追求成功不是为了成功的果实，而是为了成

① 熊彼特.资本主义、社会主义与民主[M].北京：商务印书馆，1979：149.

② 熊彼特.资本主义、社会主义与民主[M].北京：商务印书馆，1979：211.

③ 熊彼特.经济发展理论[M].北京：商务印书馆，1990：106.

功本身”。[①] 企业家“存在有创造的欢乐，把事情办成的欢乐，或者只是施展个人的能力和智谋的欢乐”。[②] “企业家的成功会形成示范效应，吸引更多的人去实行新组合。”[③]一个企业家的出现会带来其他一群企业家的出现。

技术创新引起了经济周期的繁荣和危机现象，这些都是技术创新破坏性的外在表现。“不论是繁荣时期的利润，或是不景气时期的损失，都不是没有意义和不产生作用的。相反，在与对手竞争的私营企业家仍然发挥作用的地方，它们是经济发展机制的基本要素，并且它们是不能被消除的。”[④]经济周期是经济发展的必然过程。“试图无限期地维持过时的行业当然没有必要，但试图设法避免它们一下子崩溃却是必要的，也有必要努力把一场混乱变成有秩序的撤退。”[⑤]熊彼特认为减小资本主义经济周期造成的破坏性后果是有必要的。

熊彼特的创新理论离不开对技术创新的破坏性的论述，由于技术创新成为日常事务，企业家职能消失了，建立在企业家基础上的资本主义也因此走向毁灭。技术创新自身的破坏性被消除了，社会自动进入社会主义。

可见，熊彼特能够比较早、更加具体地提出了完整的、具有系统性的创新理论，在创新理论研究的某些方面发挥了马克思的创新思想，甚至在创新思想研究的某些方面超过了马克思。但是总体看来，特别是从哲学高度上来看，马克思的创新理论研究的空间更广阔，思维更深刻。

1.4 经济增长理论

1.4.1 外生增长理论

1956年，索洛在《对经济增长理论的贡献》一文中，先阐述了他对经济增长理论研究的新观点，然后总结，即新古典增长理论。索洛的主要贡献在于引入两个关键变量，资本(K)和劳动力(L)，以解释经济增长。他的两个基本前提是：规模收益不变，但资本或劳动力的边际生产率下降；所有产品都是由资本和劳动力生产的，暂时不考虑技术变量。以上经济增长过程可以用公式表达为：$Y=A(K,L)=AK^{\alpha}L^{\beta}$

① 熊彼特. 经济发展理论[M]. 北京：商务印书馆，1990：107.

② 熊彼特. 经济发展理论[M]. 北京：商务印书馆，1990：107.

③ 熊彼特. 经济发展理论[M]. 北京：商务印书馆，1990：105.

④ 熊彼特. 经济发展理论[M]. 北京：商务印书馆，1990：287.

⑤ 熊彼特. 资本主义、社会主义与民主[M]. 北京：商务印书馆，1979：155.

($\alpha+\beta=1$,表示规模收益不变)。其中,Y 代表经济产出,A 表示资本 K 与劳动 L 之外的影响经济产出的所有因素,被称为"索洛余值",也被称为全要素生产率(Total Factor Productivity,简称 TFP)。索洛模型(或索洛余值法)是当前经济学界在开展技术进步(技术创新)与经济增长关系实证性研究时经常被采用的基础模型和主要方法。

1.4.2 内生增长理论

罗默认为在考虑经济增长时,应进一步放宽新古典主义理论的规模报酬不变的前提。除了劳动和资本,我们还应该增加知识要素。他相信技术进步和知识积累会产生溢出效应。溢出效应反过来又可以提高投资回报,增加规模回报,最终会导致一个国家的长期回报增长。知识也是经济增长的生产要素。为了实现经济增长,有必要对知识进行投资。

在随后的关于内生技术变革的文章中,罗默进一步对知识要素进行了微观化和可操作的概念界定,提出了专业化投入的概念,指出研发不是企业投资的附加产品,而是需要特殊支付的活动。他认为,技术进步和创新应该归因于企业的基本活动。技术的非竞争性和排他性决定了生产规模收益的增加。因此,从事研发的企业将从中受益。

基于研发的增长模式可分为两类:一类是新产品的发明创造,即产品类型的增加和产品体系的丰富;另一类是老产品的升级改造,即改进。二者的区别在于后者引入了创造性破坏的概念。

1.5 协同创新

经过多年发展,我国科技资源已跃居世界前列,各类科技创新基地和平台建设取得了重要进展,特别是形成了相当规模、涵盖创新链各环节的各类创新基地,为进一步整合科技力量、共享科技资源、集聚创新人才、推进国家重大创新基地建设奠定了基础。协同创新是深入贯彻科学发展观,落实中长期科技发展规划纲要,提高自主创新能力,促进科技与经济结合的重要举措;是深化科技体制改革,进一步完善科技管理体制,完善国家创新体系的关键所在;是转变政府职能,发挥市场经济下举国体制优势的重大部署。

1.5.1 协同制造与开放式创新

经济全球化环境下,创新越来越具有开放性,科技知识的创造、创新和应用部门之间需要构建开放式的协同创新。协同创新的先期基础是协同制造。协同制造充分利用网络技术、信息技术等手段,实现供应链内部及供应链之间的企业在产品设计、制造、管理和商务等精细合作,最终通过改变业务经营模式达到企业资源最充分利用的目的。协同制造整合了敏捷制造、虚拟制造、网络制造、全球制造等生产模式的优点,打破了时空的约束,通过互联网络,使整个供应链上的企业和合作伙伴共享客户、设计、生产经营信息。协同制造从传统的串行工作方式,转变成并行工作方式,从而得以最大限度地缩短新产品上市时间,缩短生产周期,进而快速响应客户需求,提高设计、生产的柔性。

开放式创新模式意味着,一个组织可以从其外部和内部同时获得有价值的创意和优秀的人力资源,运用外部和内部的研发优势在外部或内部实现研发成果商业化,并在使用自己与他人的知识产权过程中获利。① 在开放式创新模式下,组织的所有创新活动的边界都是模糊的。开放式创新给创新资源利用、自主创新推进带来了新的启示。一个组织只要有很强的资源挖掘和资源整合能力,就可以通过开放式创新整合全球的创新资源,实现自身的研究目标,提升创新能力,保持自身的创新优势地位。世界范围内科技加速发展,学科交叉和技术融合加快,新一轮科技革命正在兴起,新兴技术、新兴产业正在成为引领未来发展的重要力量,科学研究、技术创新、产业发展一体化发展趋势更加明显。为了应对大科学、技术会聚的挑战,必须制定更科学的创新战略,有效实施全球创新资源获取整合,将极大推进我国自主创新,具有深远的现实意义和理论意义。

1.5.2 协同创新的组织形式

协同创新是一种科技创新的新范式。相对于协同制造和开放式创新,协同创新是一项更为复杂的创新组织方式,其关键是形成以大学、企业、研究机构为核心要素,以政府、金融机构、中介组织、创新平台、非营利性组织等为辅助要素的多元主体协同互动的网络创新模式,通过知识创造主体和技术创新主体间的深入合作和资源整合,产生系统叠加的非线性效用。

整体性和动态性是协同创新的主要特点。整体性指创新生态系统是各种要素的有机集合而不是简单相加,其存在的方式、目标、功能都表现出统一的整体性;动态性指创新生态系统是不断动态变化的。因此,协同创新的内涵本质是:协同创新

① Henry Chesbrough. Open Innovation: Where We've Been and Where We're Going[J]. Research Technology Management, 2012, 55(4): 20-27.

是企业、政府、知识生产机构(大学和研究机构)、中介机构和用户等为了实现重大科技创新而开展的大跨度整合的创新组织模式。协同创新是通过国家意志的引导和机制安排,促进企业、大学、研究机构发挥各自的能力优势、整合互补性资源,实现各方的优势互补,加速技术推广应用和产业化,协作开展产业技术创新和科技成果产业化活动,是当今科技创新的新范式。

在科技经济全球化的环境下,实现以开放、合作、共享的创新模式被实践证明是有效提高创新效率的重要途径。充分调动企业、大学、科研机构等各类创新主体的积极性和创造性,跨学科、跨部门、跨行业组织实施深度合作和开放创新,对于加快不同领域、不同行业以及创新链各环节之间的技术融合与扩散,显得更为重要。

1.5.3 协同创新的理论框架

协同创新主要表现为产学研合作的过程。但产学研合作并不是自发的过程,因为各个创新主体的利益诉求和出发点都不一样,如果缺乏国家宏观的引导和制度安排,结果很可能是零和博弈,个体的理性导致群体的非理性,个体的利益最优而导致群体的利益最少化。协同创新是国家创新体系的一部分,因此必须从宏观视角来分析整个协同创新的内涵和本质。

协同创新是将各个创新主体要素进行系统优化、合作创新的过程。协同创新可以从整合以及互动两个维度来分析:在整合维度上,主要包括知识、资源、行动、绩效;而在互动的维度主要是指各个创新主体之间的互惠知识分享,资源优化配置,行动的最优同步,系统的匹配度。而根据两个维度上的不同位置,协同创新是一个"沟通—协调—合作—协同"的过程。沟通过程中涉及知识的整合,大学以及科研机构作为知识的主要生产者和提供者,对知识的传播、整合、流通起到重要作用。知识分为学术知识和经验知识:学术知识强调普遍有用、永远有用;而经验知识则强调能够直接应用于具体情境,具有很强的时空聚焦性。创新过程是两类知识的糅合和整合的过程。学术知识是理解和应用经验知识的基础,协同创新不仅注重知识的开发和创造,更强调知识的灵活应用和价值转换。

协调涉及知识的整合、资源的优化配置。经济的快速增长大都依赖于资源的消耗和利用。如何利用协同创新进行资源的优化配置,进一步完善国家创新体系,是值得深度研究的问题。

整合和运用正确的知识,可以更好地进行资源优化配置,运筹学中很多的基础理论和定理被运用在生产实践中,不仅优化了资源的配置,而且大大节约了生产过程中的人力、物力、财力。合作涉及知识、资源以及行为三个层面的整合，其中主要包括知识的分享和整合、资源的优化配置、行为的同步优化。我国高校和科研院所每年产生大量的知识，各种知识以数据库、发明专利、文献等形式呈现出来，但我国知识的转换率却很低。这说明我国重视知识的生产，但没有重视知识的集成、转移和扩散以及资本化，在产学研三方合作的过程中忽视了行为的最优同步化。高校科研院所在创造新知识的过程中，并没有考虑对这些知识进行商业化，使知识实现增值；而企业作为创新主体要素，对显性知识的吸收力度以及隐性知识的外化程度还不够高。政府需要提高针对协同创新的政策一致导向性，这样才能有利于高校、企业、政府三者之间的行动最优同步化。协同涉及知识、资源、行为、绩效的全面整合。系统的匹配度是影响绩效的重要原因，政府制定的各项经济政策与实际经济运行实践之间、高校和科研院所的研究成果与企业的技术需求之间的匹配度，系统内知识、资源、行为的匹配度都将影响到创新绩效的高低。整合能否实现取决于系统内不同要素的互动和合作的程度。互动的强度与创新主体改变行为的程度和频率有关，这些包括互惠信息的交换、绩效与同步行动的系统匹配。系统的整合度越高，就会需要有更多的高强度的互动合作。

1.5.4 协同创新的内涵

协同创新是各个创新要素的整合以及创新资源在系统内的无障碍流动。协同创新是以知识增值为核心，以企业、高校和科研院所、政府、教育部门为创新主体的价值创造过程。基于协同创新的产学研合作方式是国家创新体系中重要的创新模式，是国家创新体系理论的新进展。合作的绩效高低在很大程度上取决于知识增值的效率和运行模式。在知识经济时代，传统资源如土地、劳动力和资本的回报率日益减少，信息和知识已经成为财富的主要创造者。

在知识增值过程中，相关的活动包括知识的探索和寻找，知识的检索和提取，知识的开发、利用以及两者之间的平衡，知识的获取、分享和扩散。在协同创新过程中知识活动过程不断循环，通过互动过程，越来越多的知识从知识库中被挖掘出来，转化为资本，并且形成很强的规模效应和范围效应，为社会创造巨大的经济效益和社会效益。

在知识增值的实现过程中，需要注意两个方面：一是知识产权的归属权问题，产学研合作早期应该以合同文本形式约定知识产权的归属问题。二是利益的分配问题，利益的分配包括经济利益和社会利益，经济利益一般通过有形的资产表现出来，但社会利益如商标、美誉度等无形资产难以量化，应该以另外的表现形式单独计量。协同创新是多法人主体的合作，产权以及知识产权的明晰十分重要。通过知识增值凝聚产学研合作的各个主体，有利于实现协同创新的可持续发展，同时提高各个创新主体之间的创新积极性，对于构建具有中国特色的自主创新型国家具有重大意义。

大学科研机构通过将知识转化为资本可以增加科研经费，进而增加科研经费投入。新的科研经费投入又有利于对新的知识和科学原理的探索和发现，实现"知识创造—知识收入—知识投入"的良性循环。对企业来讲，则可以以更低的成本获取创新资源，实现封闭式创新到开放式创新的过程，不仅可以从外部引进现成的技术人才，同时也可以将闲置的技术、资金投入创新系统的其他主体要素。未来企业的盈利能力取决于企业从外部获取创新资源并将其转化为商业价值的能力，也就是获取知识、利用知识、实现知识增值的能力。在政府层面上，以知识增值为核心的协同创新有利于推动地方经济发展，增加财税收入，降低失业率，实现资源和经济的可持续性发展。知识增值有利于科技中介机构的发展和服务水平的提高。科技中介机构包括各类大学科技园以及创业园、孵化器等组织。科技中介机构为产学研合作以及协同创新搭建了良好的平台，有利于降低创新主体之间的交易成本以及道德风险。总之，协同创新是企业、政府、知识生产机构(大学、研究机构)、中介机构和用户等为了实现重大科技创新而开展的大跨度整合的创新组织模式。因此在实践操作层面，需要构建协同创新的组织和平台推动协同创新的科学发展。

1.5.5 协同创新的运行

协同创新是在各个创新主体要素内实现创新互惠知识的共享、资源优化配置、行动最优同步、高水平的系统匹配度。而协同创新的有效执行关键在于协同创新平台的搭建。面向科技重大专项或重大工程的组织实施，建设一批可实现科技重点突破的协同创新平台。通过重大专项和重大工程的部署实施，瞄准目标产品和工程，集成各类科技资源，坚持产学研用结合，加强创新主体的联合，建设支撑科技重大专项和重大工程的组织实施协同创新平台。面向产业技术创新，建设国家层面支撑产业技术研发及产业化的综合性创新平台，加快科技成果转化、产业化。特别是面向培育战略性新兴产业的协同创新平台，以重大的高新技术产业化带动新兴产业发展形成未来主导产业，协调相关创新组织，统筹加强科研设施建设和研发投入，促进战略性新兴产业的形成、崛起，形成具有国际竞争力的主导产业，带动产业结构调整。

制定有利的政策与保障措施来支持和发展协同创新平台。建立协同创新平台的中央财政投入渠道，稳定支持培育具有产业技术综合竞争实力、具有较大产业化价值的研发组织。国家重大项目安排要优先向协同创新平台倾斜。在保障政府投入的基础上，发挥多方积极性，进一步吸收社会资金参与协同创新平台的建设与发展，形成国家与地方、企业联合共建机制。探索稳定支持与项目支持相结合、中央支持与地方支持相结合、财政资金投入与企业和社会资金投入相结合的多种支持方式和渠道。调动各种资源，加强集成与衔接，避免重复建设。主动加强与现有人才发展规划、计划和工程的衔接，吸引和聚集优秀的创新人才，开展广泛的国际国内交流与合作。在不危害国家安全、不泄密的前提下，吸引来自世界各国优秀人才共同参与我国科技创新，提高基础研究、高技术前沿研究领域与产业创新的国际竞争力。

第 2 节　创新与经济发展

2.1　经济增长与创新模式

在经济思想史上，随着经济增长从初级阶段向高级阶段演进，技术创新理论在逐步走向成熟和完善，其核心问题就是技术进步作为经济增长的重要驱动力怎样发挥作用，或者说是技术进步促进经济增长的内在机理。关于经济增长动因的研究主要有斯密式增长、熊彼特式增长两条脉络。[①] 斯密将经济增长的主要动力归结于社会分工。熊彼特认为企业家创新是推动社会经济系统演进的直接动力，生产技术的革新和生产方法的变革在经济增长中起着决定性作用。

马克思主义经济学并没有从人类文明的道路上独立出来。它借鉴了世界经济发展的经验，运用了经济思想史的智慧。马克思深入研究了社会分工的意义。同时，深入探讨了科学技术的作用。马克思作为创新理论的先驱，为创新驱动的内生经济增长理论的构建作出了积极贡献。

---

① 欧阳峣，汤凌霄.大国创新道路的经济学解析[J].经济研究，2017，52(9)：11－23.

从工业化的初级阶段到工业化的中后期，从学习和模仿阶段到自主创新阶段，从世界科学技术的追随者到同步者和领先者，经济增长和技术进步协同是中国经济发展和技术创新过程的基本逻辑。中国经验演绎了较为完善的创新驱动框架。中国的创新路径是广大发展中国家的典型创新路径。主要表现为规模特征、后发特征、转型特征三个特征。

大国拥有巨大的技术需求，这可以成为创新的强大推动力。大的技术市场可以降低技术研发的成本，也有助于降低技术创新的风险。此外，大国往往需要建立一个健全的产业体系，因此它们需要一个强大的国家创新体系来使用技术并且利用技术创新驱动产业创新。

与发达国家相比，大型发展中国家具有技术后发的优势。可以通过引进发达国家的技术、设备和投资来获得技术溢出效应。通过消化吸收和再创新，在成功赶上发达国家的技术后，将逐步超越发达国家的技术。因此，模仿创新不仅是发展中国家技术创新的重要形式，也是发展中国家技术进步的必然阶段。

后发国家逐渐从追随者成为同步者和领先者，应及时实施技术改造，通过集成创新和自主创新，迅速走向国际先进技术行列，技术改造和经济转型同步。通过模仿创新技术及其配套产业，只能使后发国家处于低端和中端的国际产业价值链；通过自主创新获得的关键工业技术可以使后来者达到国际工业价值链的顶端，并最终进入发达国家的行列。

2.2 创新价值链

中国在工业化进程中，已基本完成初步积累，建立了世界上门类最全的工业体系，但制造业整体大而不强，众多企业在全球化竞争中处于“低端锁定”的尴尬境地。[①] 近年来，随着我国人力成本、原料成本、生态成本上涨，一些缺乏核心技术、依赖粗放式生产扩张的制造业企业发展艰难。通过提高创新能力实现行业地位提升，从低端走向高端、从大到强、从中国制造走向中国创造，已经成为企业主动适应变化的必然选择。

面对如何改变低端锁定现状、提高企业产品附加值以及抢占全球价值链高端位置等问题，创新被提到一个前所未有的高度上来。创新是一个循序渐进的过程，

① 张慧明，蔡银寅. 中国制造业如何走出“低端锁定”——基于面板数据的实证研究[J]. 国际经贸探索，2015，31(1)：52－65.

创新价值链研究管理者行为如何促进企业产生创意并付诸实践，创新价值链分为创意产生、创意转换和创意扩散三个阶段。

成功创新需要各部门协同合作，形成从研发、生产到商品化的完整创新价值链。创新价值链具有链式结构，链式结构是独立环串接形成的一种物理形态，由基本单元和链接单元构成，从而可将创新过程拆解为不同环节、对应不同部门，随着知识流动与交换，各单元相互关联。创新价值链理论涉及产业链、价值链、技术链、创新链等基本概念。①

2.3　中国创新之路

中国作为一个相对落后的发展中国家，可以利用自身的优势实现技术赶超，也可以利用适当的技术实现经济趋同。我国的技术创新经历了从高度集中控制到市场化合作创新的过程。市场通过资源配置促进创新，但并不排斥政府积极参与企业自主研发的过程。国际市场竞争促进出口企业降低成本，提高效率，从而促进企业的技术进步。市场结构、竞争战略和资本因素对企业技术升级有显著影响。地理、制度等因素在产业园区企业的相互学习与合作中发挥着重要作用。劳动生产率的提高和企业物质资本的节约促进了我国产业结构的演变。其中，物质资本的节约型创新是工业化的关键。

从“科教兴国”到“创新驱动”，探索了中国特色大国创新的道路。经过长期的实践，中国特色大国创新道路已具雏形，构建了比较完善的总体框架。其主要内容包括市场需求和国家需求相结合、模仿创新和自主创新相结合、市场调控和政府调控相结合三方面。

根据需求引发的创新大国效应，新技术主要是在市场利益驱动下产生的。市场需求规模限制了技术创新的发生和规模。中国众多大型企业可以形成巨大的技术市场和技术需求，是大国创新的动力。大国对国家的技术创新也有特殊需求。大国强烈需要建立一个独立完整的工业体系，这需要一个独立完整的技术体系作为技术支持，而不是像小国家那样发展单一的关键产业和相应的技术。

模仿创新和自主创新相结合，形成促进经济转型的创新方式。中国自改革开放以来，依靠模仿创新，极大地缩短了与发达国家的技术差距，也推动了产业进步

---

① 马云俊.创新价值链视角下我国大中型制造企业创新效率评价[D].沈阳：辽宁大学，2013.

和经济发展。进入21世纪以后，中国提出了自主创新战略，努力掌握重点产业的关键核心技术，在某些领域成为国际先进技术的领跑者。

市场监管与政府监管相结合，形成了责任界限明确的运行机制。根据我国的国情，我们越来越深刻地认识到市场和政府在促进技术进步中的作用。市场作为资源配置的基础，可以在技术创新过程中起到引导和激励作用。我国需要完善市场调节和政府调节作用，完善科技创新机制，促进产业创新，努力进入国际产业分工价值链高端，避免陷入中等收入陷阱，真正从经济大国走向经济强国。

第3节　创新生态系统

3.1　创新系统的生态学解释

3.1.1　创新主体

在创新生态系统中，对于创新主体划分，不同的研究角度，会划分为不同创新主体。创新生态系统中的每个主体都发挥其各自的作用。各创新主体之间不再是原来的线式、链式联系，而是形成动态、多层次的创新网络结构，在竞争、合作、共生中完成能量以及物质的联结和交换。本研究从生态系统角度对创新主体进行划分，根据其发挥的作用大小分为核心主体和辅助主体。

企业是创新生态系统中最主要的创新主体之一。在创新生态系统中，按照企业具有的功能，将其归为核心和非核心企业。在创新生态系统中，企业成为价值创新主体，主要通过筹集资金、引进人才、研发新技术等过程实现创新，通过生产、出售产品、服务完成价值创造，同时也促成系统中新技术的传播与转移。

大学和科研院所是原始科学创新、人才培养主体，其主要作用是供给创新来源、新技术以及高端人才。大学的功能是探索科学前沿、完成多样化应用研究，从而扩散应用知识，促进科学技术进步。而科研院所主要基于国家战略，完成重点基础研究项目，进行重点公益、战略性集成创新等。高校尤其注重知识传授与扩散以及人才栽培，科研机构尤其注重科学探究与研发。

用户是创新应用主体。在创新生态系统中，用户是经济系统中买取、运用以及享受产品和服务的消费者。其主要作用是买取、享受产品或服务，并给出反馈与新的建议，从而促进生产者创新。创新主体进行创新的原动力来自用户对产品的需求。创新主体要实现更先进、优化的改进，也可根据用户使用产品之后做出的反馈与建议进行，这样便于政府对系统的创新方向进行调整和引导。

政府是制度创新主体。政府通过制定政策、提供资金等措施使系统中的其他创新主体能够有效运行。例如，在创新生态系统中，建立创新基地，并给予相应的基本设施，从而支撑创新生态系统持续发展；实施优惠或支持政策，如相关产业政策、税收政策以及科技政策等，从而激发创新主体从事创新活动。

中介机构是服务创新主体。在创新生态系统中，中介机构作为润滑剂，凭借自身的专业技能以及服务，对委托人出售“中间”服务，从而使创新主体能够更好地融入环境。中介机构主要分为两大类，即公共服务机构和集群代理机构。其中第一类机构主要包含技术交易机构、会计师事务所、律师事务所、人才中介、咨询机构等；第二类机构主要由一些服务组织构成，例如，行业协会、技术交流协会、企业家协会等。这些机构促进了创新资源集聚，同时也促进了科技成果扩散和转换，从而使创新效率快速提高。

金融机构是投资主体。在创新生态系统中，金融机构利用股权或债券的方式，保证创新主体获得研发以及创业资金，从而满足创新主体发展的需要。

3.1.2　创新生态系统之生物学隐喻

基于演化经济学理论和自然生态系统理论，作为比较特别的生命过程，将创新活动赋予生态化的新内涵，利用生物学演化规律更能够深入地分析创新活动过程，从而发现和解决原来创新体系的问题。由于给创新系统赋予了生态化新内涵，所以创新活动应该看作是在创新系统中，物种、种群甚至群落应对创新环境发展、变动的过程。物种是生态系统中的基本单位，创新生态系统中的物种就是各种创新主体。某个物种聚集起来就形成了种群。不同的种群相互联结形成各种群落。在创新生态系统中一般有研究、开发、应用三大群落。在创新生态系统中，各种资金流、物质流、能量流、信息流、人才流贯穿于整个生态系统，这些资源流在种群、群落与环境之间进行交换、循环，从而使得种群或群落在创新生态系统中，相互竞争、合作、共同依存，实现动态演化。

3.1.3　创新生态系统的主要演化机制

与自然生态系统相似，创新生态系统的进化机制也遵循遗传、变异、衍生和选择的原则。正因为存在这样的机制[①]，才能通过不断的创新、优化和升级，使原有

---

① 罗国锋，林笑宜. 创新生态系统的演化及其动力机制[J]. 学术交流，2015(8)：119 - 124.

的创新生态系统逐步形成活力四射的创新生态系统。通过与自然生态系统演化机制的类比,对以下四个方面进行详细的解释。

(1) 遗传机制

遗传机制是指母体与子体之间、子体与子体之间表现出的相同或类似的性状。创新生态系统居于静止或趋于均衡的时候,遗传机制使得创新主体之间更趋于维持现状。"遗传因子"是指目前已经存在的创新成果和人才。创新遗传的主要动力因是"创新惯性"。对于那些从现有的创新成果中获益的主体来说,新的创新需要额外的成本,且未来的收益也不是很确定,所以它们会暂时选择用现有的成熟技术;对于新创的主体来说,短期内只能充分利用系统中的"遗传因子"使其快速成长,待成熟之后才会进行新的创新。

(2) 变异机制

变异机制指物种母体与子体之间、子体与子体之间表现出的差别,这个差别称为变异。创新生态系统变异是指系统出现的系统性和非系统性的变化,一般指一些发明型创新或者变节性创新。变异的动力主要来自用户和创新企业。由于市场需求被产品使用者刺激和推动,在利益驱使下,使得企业积极开拓新的市场,从而产生变节性创新,并且推动创新变异。

(3) 衍生机制

衍生机制指物种由母体物质产生新物质的机制。创新生态系统衍生被看作在资源流的循环和发展中,创新主体通过接纳、理解、改造、集聚扩展等形式继承或创造新技术。创新生态衍生演化动因,使创新能力和重要辅助能力得到提升。

(4) 选择机制

选择机制指适应者留存,不适应者出局。创新生态系统选择是从种类繁多的创新中筛选最优创新,从而能够保证创新生态系统不断优化。创新生态演化选择动因是指用户对创新成果的青睐或者抵制。

在创新生态系统中,静态和均衡态是暂时的。创新生态系统在受到某种冲击或强大外力影响时,例如,创新生态系统中的政策、市场、法律等环境发生了巨大变化时,这种静态和均衡态将被打破。创新生态系统中创新的遗传特征更类似于一种惯性。创新主体(物种、种群和群落)的规模越大,遗传因子的作用越大,维持现状的倾向也越高。创新生态系统的变异被视为创新主体和创新环境,通过相互适应和相互选择实现进化的一种机制。当创新或变化产生时,创新主体通过接受、理解和集聚的形式进行反复创新活动,从而提高创新效率、水平和能力。衍生机制的作用是创新者通过接受、理解、转化、集聚和扩张来继承或创造新技术，从而提升核心创新能力和重要的创新辅助能力。选择机制的作用是选择和传播良好的变异，抑制不良变异的演化过程。它的动力主要来自用户对创新成果的选择或抵制。

3.2 创新生态系统的概念、特征、治理研究及研究特点

3.2.1 创新生态系统的概念

"创新系统"[①]"国家创新系统"[②]等概念进入人们视野。经济合作与发展组织(OECD)发表《以知识为基础的经济》《国家创新体系》研究报告。[③,④]美国总统科技顾问委员会(PCAST)发表《维护国家的创新生态体系、信息技术制造和竞争力》《维护国家的创新生态系统：保持科技实力》研究报告，[⑤,⑥]正式将创新生态系统作为研究的核心概念。

国内研究始于对创新生态系统概念与特征的关注。创新生态系统研究逐渐深入，但是对创新生态系统的概念界定并没有形成广泛的共识。国内学者对创新生态系统进行研究时，部分研究没有明确给出概念或者定义，只是借用创新生态系统这一概念或者对其内涵加以描述。

研究中给出明确概念的主要分为以下两类：一类是通过生物学(生态学)隐喻来表达核心理念[⑦,⑧,⑨]：创新生态系统是指一定区域内各种创新种群之间、创新种群与创新环境之间，通过物质流、信息流、能量流、人才流的联结传导，形成动态演

---

① Lundvall B A, Vinding A L. Product innovation and economic theory—user-producer interaction in the learning economy [M]//Research on Technological Innovation, Management and Policy. Bingley: Emerald (MCB UP): 101 - 128.

② 克里斯托夫·弗里曼. 技术政策与经济绩效：日本国家创新系统的经验[M]. 张宇轩，译. 南京：东南大学出版社，2008.

③ OECD. The Knowledge Based Economy [R]. 1996—1997.

④ OECD. The National Innovation System[R]. 1996—1997.

⑤ PCAST. Sustaining the Nation's Innovation Ecosystems, Information Technology Manufacturing and Competitiveness[R]. 2004.

⑥ PCAST. Sustaining the Nation's Innovation Ecosystem: Maintaining the Strength of Our Science & Engineering Capabilities[R]. 2004.

⑦ 刘洪久，胡彦蓉，马卫民. 区域创新生态系统适宜度与经济发展的关系研究[J]. 中国管理科学，2013，21(S2)：764 - 770.

⑧ 李万，常静，王敏杰，等. 创新 3.0 与创新生态系统[J]. 科学学研究，2014，32(12)：1761 - 1770.

⑨ 李煜华，武晓锋，胡瑶瑛. 共生视角下战略性新兴产业创新生态系统协同创新策略分析[J]. 科技进步与对策，2014，31(2)：47 - 50.

进、共生竞合的开放、非线性、多层次、复杂系统。创新生态系统组成的基本要素是物种，如企业、科研机构、辅助机构、政府等。另一类从企业或产业创新（生态）系统①,②,③,④、商业生态系统⑤,⑥、国家或区域创新（生态）系统⑦等单一视角或多重视角⑧导出创新生态系统的内涵。

3.2.2 创新生态系统的特征

创新生态系统的主体框架是由创新主体与创新环境两个部分构成的。创新生态系统的框架结构是静态的，但是这个看似静态的系统还具有许多特性。目前学者们总结了创新生态系统的特征（如表 2-1 所示）。

表 2-1 创新生态系统的特征

学者	时间	研究发现
黄鲁成	2003	区域技术创新生态系统是技术创新组织与环境的空间集合，具有整体性、耗散性、复杂性和调控性等特征
隋映辉	2004	城市创新生态系统是城市创新和科技产业的集合，是自组织的创新系统
Ron Adner	2006	研发创新成果转化为针对市场客户的解决方案的过程，是一种协同整合机制。一个创新生态系统的总体创新能力是影响企业创新绩效、市场开发成功与否的关键要素
孙洪昌	2007	开发区创新生态系统具有成员复杂性、系统开放性及自组织性等典型特征
陈斯琴 顾力刚	2008	企业技术创新生态系统是企业技术创新组织与环境相互作用形成的整体系统
张利飞	2009	高科技企业基于构件或模块的知识异化协同配套、共存共生、共同进化而形成的技术创新体系
黄　敏	2011	“学科创新生态系统”是高校某一学科与其所处的创新环境之间通过相互依存而成的生态循环系统

① 吴绍波. 战略性新兴产业创新生态系统协同创新的知识投入激励研究[J]. 科学学与科学技术管理，2013,34(9):71-76.

② 吴绍波，顾新. 战略性新兴产业创新生态系统协同创新的治理模式选择研究[J]. 研究与发展管理，2014,26(1):13-21.

③ 陈衍泰，孟媛媛，张露嘉，等. 产业创新生态系统的价值创造和获取机制分析——基于中国电动汽车的跨案例分析[J]. 科研管理，2015(S1):68-75.

④ 李福，曾国屏. 创新生态系统的健康内涵及其评估分析[J]. 软科学，2015,29(9):1-4.

⑤ 颜永才. 新常态下企业创新生态系统与自主创新战略研究[J]. 科学管理研究，2015,33(5):74-77.

⑥ 张利飞，吕晓思，张运生. 创新生态系统技术依存结构对企业集成创新竞争优势的影响研究[J]. 管理学报，2014,11(2):229-237.

⑦ 曾国屏，苟尤钊，刘磊. 从“创新系统”到“创新生态系统”[J]. 科学学研究，2013,31(1):4-12.

⑧ 赵放，曾国屏. 多重视角下的创新生态系统[J]. 科学学研究，2014,32(12):1781-1788.

续表 2-1

学者	时间	研究发现
颜永才	2013	构建了产业集群创新生态系统的“双钻石”空间结构框架模型，提出其创新种群按照其功能差异可分为投入、制度创新、创新服务、原始创新、技术创新等不同的种群
冉奥博 刘 云	2014	创新生态系统是企业等多主体之间形成“技术研发、技术应用、技术衍生”的循环过程，通过信息传递而充分利用发展技术的复杂系统
李 万 常 静	2014 2015	创新生态系统是各种创新群落之间及其与外部的创新环境之间形成的共生、开放、复杂的系统

可见，由于研究创新生态系统时的侧重点、视角、对象与内容的不同，创新生态系统的特性也呈现出多种多样的形式。本研究从创新生态系统的自然生态性概念、种群之间的演化机理出发，认为创新生态系统特征主要表现为：创新主体多样性、创新主体竞合共生、自组织动态演化、开放式协同。

（1）创新主体多样性

和自然生态系统类似，创新主体（物种、种群和群落）多样繁杂，才能维持创新主体的生存、发展并走向繁荣，从而使创新活动持续迸发。一个生命力旺盛的创新生态系统要有企业、高校和研究机构等核心主体，还要有政府、中介机构、金融机构、科技园、孵化器这些辅助主体。一个生机勃勃的创新生态系要有具有影响力和控制力的创新核心企业（集团），也要有充满活力的中型创新企业和创新型小微企业。

创新生态系统是一个非线性的复杂巨系统。创新生态系统中的创新主体（物种、种群和群落）越丰富，说明系统内的“创新基因库”越强大。密集的尝试、回应、改进、选择就会在创新主体和创新环境之间重复进行，从而使得创新主体的创新遗传种类多样繁杂、创新变异潜能不断增大。

（2）创新主体竞合共生

在一个创新主体多样性的系统内，各创新主体间不但会有激烈的竞争，还会有基于比较优势的分工与合作。单一的竞争或合作战略关系，无法使其应对复杂的生存环境和挑战，各主体之间必须要在各自利益和共同目标的驱使下，建立深度融合、互利互惠的创新共生体。

在竞争与共存的过程中，每一个创新主体不仅可以实现资源、技术和能力的互补增值，还可以创造单个主体不能独立产生的价值，使整个生态系统能够协同发展。要求创新生态系统竞争的不仅仅是系统中创新主体的多样性属性。实际上，只有通过竞争共生，创新生态系统才能达到最适当的多样性程度。

(3) 自组织动态演化

一个好的创新生态系统类似于一个自然生态系统。通过物种遗传、变异、衍生和选择的进化机制,实现自我强化和自我生长,从而不断接近动态最优目标。在动态演化过程中,创新生态系统也是耗散性的,因为在这个过程中,如果系统内各子系统之间没有很好地协调和相互制约,整个生态系统就会混乱无序,导致效率低下。所以要使得创新生态系统从无序向更高竞合共生效率的创新网络组织演化,就需要物种、种群和群落与其生存环境构成食物链、生态链、生态网络。

(4) 开放式协同

随着世界各国社会的信息化、系统化和全球化,创新生态系统不能在某个国家或地区单独孤立的生存下去。创新生态系统应该与外界密切关联。在创新生态系统中,创新物种频繁地从外部进入,推动了种群内部竞争和群落整体变化。创新生态系统内外的创新主体、资源和环境必须相互关联、相互制约、相互促进,形成协同开放的网络,使创新生态系统不断进化和发展。

在创新生态系统中,主要创新主体有大学与科研机构、政府、科技服务中介机构、金融机构。大学为创新生态系统提供人才,科研机构为企业提供基础研发,政府为创新生态系统提供政策,科技服务中介机构提供信息,金融机构提供资金流。企业给予创新生态系统相应的回报;用户作为创新应用群体,为企业提供各种反馈信息。这些大量不同的创新主体(物种、种群和群落)相互交织,通过系统环境中的各种资源产生一个竞合共生、自组织动态演化、开放式协同的庞大创新生态网络系统。

3.2.3 创新生态系统治理研究及研究特点

总体而言,国内外学术界和实践界目前对创新生态系统的治理的研究和关注还不多,相关的理论文献也还比较少。在国内,张运生[①]、吴绍波[②]、颜永才[③]等分析了企业、产业或产业集群创新生态系统的治理机制和治理模式。但是,目前对于城市、区域或国家创新生态系统的治理机制、模式和能力的研究和探讨还几乎是空白的。张运生的研究认为高科技企业创新生态系统的治理机制包括系统成员共享决

① 张运生,邹思明.高科技企业创新生态系统治理机制研究[J].科学学研究,2010,28(5):785-792.

② 吴绍波.战略性新兴产业创新生态系统协同创新的知识投入激励研究[J].科学学与科学技术管理,2013,34(9):71-76.

③ 颜永才.新常态下企业创新生态系统与自主创新战略研究[J].科学管理研究,2015,33(5):74-77.

策权的决策机制、谈判协调机制、平台定价机制和约束机制；治理的模式包括俱乐部型、辐射型、渗透型等。吴绍波认为，战略性新兴产业创新生态系统的治理机制包括信任、信息披露、协商、声誉和平台开放等，通过几种治理机制的综合运用可以达到克服机会主义行为、提高知识共享意愿的治理目标。颜永才分析构建了产业集群创新生态系统的约束机制、激励机制、网络治理机制和协调整合机制。

综上所述，目前国内外学术界对创新生态系统的研究具有以下显著特点：

首先，目前对创新生态系统的概念尚未形成共识，也缺乏对创新生态系统的运行机理和治理路径的研究。创新生态系统没有形成独立、完整的理论架构，尤其是没有形成具有中国特色的创新生态系统理论架构。对于这样的一类概念模糊、边界不明的问题适合用一种规范的定性分析方法进行研究。考虑中国社会的实际情况，对创新生态系统的概念进行梳理并厘清其运行机理是本课题的主要研究目的之一。

其次，从研究对象看，对宏观层次和微观层次创新生态系统，即对国家、企业(产业)创新生态系统的研究较多，而对中观层次的城市和区域创新生态系统的研究则明显不足。

再次，从研究的具体内容看，目前的研究主要包括创新生态系统的结构、要素、典型特征、功能、作用、绩效(健康度和适宜度)评价、风险管理等多个方面，而对创新生态系统演化的动力机制和治理能力的研究则略显不足，特别是对创新生态系中企业内部治理能力的研究成果比较少。因此，从演化的视角，研究创新生态系统中企业的内部管理创新行为，无疑还是创新生态系统研究的一个崭新议题。

最后，对创新生态系统的研究“生态学”分量不足，尤其缺乏对数量生态学、种群动力学、演化经济学方法的综合应用。

3.3 创新生态系统演化

3.3.1 协同演化

协同演化概念源于生物学，最早由 Ehrlich[①] 在有关蝴蝶与植物研究中，提出协同演化的概念，他认为，协同演化是指两个以上的物种不断进行交互作用并演

① Ehrlich P R, Raven P H. Butterflies and plants: A study in coevolution[J]. Evolution, 1964, 18(4): 586-608.

进，其演化路径相互缠绕的现象。协同演化是大自然多样化的基本机制之一。协同演化可以揭示物种与环境、物种之间、物种内部的相互作用和进化过程，已经所展现出的相互适应、自组织特征。Janzen① 对协同演化进行了严格的定义，即一个物种的个体行为由于受到另一个物种个体行为的影响，而发生在两个物种的进化过程中的关系，属于两种或多种生态关系密切但不进行基因交换的物种的联合进化。并且，这两种生物彼此之间会施加选择压力，从而使得其中一方的进化和另一方的进化存在依赖关系。

协同演化论之所以区别于普通进化论是由于：普通进化论中认为一个物种应该是属于独立存在的，相对应的其他环境和别的物种等一些有关联的背景就都是相对静止存在的；但是相反的是，持协同演化观点的研究者是这样认为的：物种和环境彼此之间是相互影响的，并且在其中不断发展和进化。

3.3.2 协同演化与创新管理

协同创新对不同类型的企业均有益处。从小企业的角度来看，协同创新可以启动多种资源，加快新思想的商业化进程，及时、快速地开拓市场，以最快的速度形成一定的规模。从大企业的角度来看，协同创新可以在一定程度上解决大企业的问题。由于企业所面临的环境是不断变化的，企业自身能力需要不断提升，努力建设动态能力，以应对环境变化带来的不确定性。合作创新在这些方面具有巨大的潜力。

关于创新生态系统协同演化等方面的研究，国内外学者已取得了很多有价值的成果，但也存在一些不足和有待进一步深入探讨的地方，主要表现在：首先研究还处初期，主要是宏观层次的静态研究，研究方法采用案例研究为主，然而案例和实证研究方法不能很好解释复杂系统交互行为所涌现的宏观结果，更多是定性的认识，不能解释因素之间的相互作用对整体协同行为的影响，要对复杂系统进行深入认识，必须进一步进行定量动态分析。其次，能够影响系统形成和正常运作的还有一些决定性的重要因素，比如成员之间进行的协同作用和演变过程，哪些因素是影响技术创新生态系统协同演化的关键，这是目前理论界有待深入研究的问题。另外，对于资源在技术创新生态系统的作用机理还缺乏深入研究，尤其是较少从资源的角度分析技术创新生态系统协同演化过程方面的研究。因此，本书研究创新生态系统协同演化模型，将采用计算机仿真方法和多案例研究方法，系统解析该系

① Janzen D H. When is it coevolution? [J]. Evolution: International Journal of Organic Evolution, 1980, 34(3): 611-612.

统在进行协同作用和演变的过程中的作用机制，为创新生态系统协同发展提供指导性的建议。

3.3.3 创新种群之间的关系

国内相关文献运用组织生态学理论研究了企业种群的协同演化过程。李文华、韩福荣、王立志运用传染病模型、密度依赖模型及双密度关系依赖模型，实证研究了国内软件企业与硬件企业之间的协同共生关系。① 黄鲁成、张红彩运用Logistic模型、传染病模型研究了通信设备制造业中通信传输设备与通信终端设备两个子种群的协同演化过程。② 王子龙、谭清美、许箫迪运用企业集群共生演化模型对中国部分制造类企业集群1985—2004年的整体演化轨迹进行了实证分析。③

上述研究几乎均是以某个产业为对象，从企业层面入手，以进入与退出市场的企业数量作为研究数据来源，运用生态学相关模型，验证单一种群的演化过程或者两个子种群的协同演化关系。在现实中尤其是在高科技产业中，比较常见的是围绕产业链形成相互影响、相互依赖的技术创新生态系统，因此以创新生态系统中技术种群作为研究对象的相关文献较少，主要以定性研究为主。目前，创新种群之间的关系研究比较少见，本研究将在前人研究的基础上，选择创新企业种群作为研究对象，运用生态学、种群动力学模型，实证研究创新生态系统企业种群之间的耦合方向及耦合强度是否具有对称性，主要受哪些因素制约。

第4节 创新能力与国家科技安全

4.1 国际环境

2014年4月15日，习近平主席在国家安全委员会第一次会议上首次提出构建集“政治安全、国土安全、军事安全、经济安全、文化安全、社会安全、科技安全、信息

① 李文华，韩福荣，王立志. 企业聚集共存机理分析与实证[J]. 北京工业大学学报(社会科学版)，2005，5(2)：6-10+16.

② 黄鲁成，张红彩. 基于生态学的通讯设备制造业的技术创新种群演化分析[J]. 中国管理科学，2006，14(5)：143-148.

③ 王子龙，谭清美，许箫迪. 产业系统演化模型及实证研究[J]. 统计研究，2007，24(2)：47-54.

安全、生态安全、资源安全、核安全等于一体的国家安全体系”，强调要“坚持总体国家安全观，走出一条中国特色国家安全道路”。[①] 这标志着国家科技安全正式作为国家安全的一个子系统被提出。

2018 年 3 月 23 日，美国对华 301 调查报告公布，特朗普对华贸易战已经拉开了序幕。近年来，中国已经在技术层面上与美国形成了一定的竞争关系。为了确保自身在全球分工中的技术垄断优势地位，美国的贸易战略目标也试图遏制中国技术密集型和战略性新兴产业的发展。[②] 特朗普此次加税产品主要面向《中国制造 2025》所涉及的领域，例如：新材料、工业机器人、航空航天装备、生物医药及高性能医疗器械、高铁装备等中高端产品，这一事实也说明了美国政府以贸易战为手段对中国实施科技封锁，并且封锁措施具体且严厉。

习近平指出，进入 21 世纪以来，全球科技创新进入空前密集活跃的时期，新一轮科技革命和产业变革正在重构全球创新版图、重塑全球经济结构。科学技术从来没有像今天这样深刻影响着国家前途命运，从来没有像今天这样深刻影响着人民生活福祉。[③]

4.2 国家科技安全

国家科技安全是国家安全体系的重要且特殊的组成部分，与“政治安全、国土安全、军事安全、经济安全、文化安全、社会安全信息安全、生态安全、资源安全、核安全”等一样，对于国家与社会的安全、发展具有重要的现实意义。国家科技安全的定义为：国家科技安全是国家安全的重要组成部分，是指一国科学技术事业免受威胁、健康发展，国家科技利益得到保护，科学技术能够有效促进国家发展、维护国家安全的状态。其包含两个主要方面：一是科学技术系统的存在与发展不受侵害与威胁的状态；二是科技系统与相关系统（例如经济系统、文化系统、生态系统等）相互作用不受侵害与威胁的状态，两者共同决定了国家科技安全态势。国家科技安全的基本表征和条件之一是科学技术系统本身的安全。国家科技安全的另一基本表征和条件是科学技术系统与相关系统互动关系的安全。

---

① 习近平. 坚持总体国家安全观　走中国特色国家安全道路[N]. 人民日报，2014-04-16(1).

② 戴翔，张二震，王原雪. 特朗普贸易战的基本逻辑、本质及其应对[J]. 南京社会科学，2018(4)：11－17＋29.

③ 习近平. 在中国科学院第十九次院士大会、中国工程院第十四次院士大会上的讲话[N]. 人民日报，2018-05-29(2).

4.3　加强和维护国家科技安全的建议

4.3.1　前沿科技领域的能力建设

前沿科技处于科技发展制高点，具有先进性、先导性、不可替代性和可持续发展性，是科技创新能力的集中体现，是适时引导产业转型升级的关键驱动力。实现该目标，需要从长期、全局、可持续视角看待前沿科技领域创新布局与能力建设问题：树立大科技观，转变赶超战略下的制度惯性思维，大胆对具有良好前景的产业进行超前布局，必须意识到建立先发优势才能把握未来产业动态和科技趋势，进而赢得创新主动权；明确我国在全球科技产业中扮演的新角色，发挥高端需求引领全球深科技产业发展的优势。

例如深圳近 5 年就吸引了多个来自波士顿、慕尼黑等地的国际级科技公司及数千人才在深圳创办企业，极大拉动了细胞图谱、基因疗法等前沿通用技术的大规模应用创新；深度参与全球科技治理，鼓励领先城市立法，设立以前沿科技为主要内容的实验区，利用产业生态优势，演绎市场需求带动颠覆性技术集聚的逻辑，从根本上实现从制造者到重要创造者的角色转变，进而加速全球科技创新链条重构。

4.3.2　创新型人才培育

人才是第一资源，科技创新离不开创新型人才。科技人员的创新素质、先进技术能力，决定了科技强国战略实施效果。在改革开放进程中，应充分释放科技创新的第一动力，发挥科技人员的主体性作用。一方面，人才培养关键在教育。面向重点产业领域，完善科技、产业与教育协同融合的体制机制，科学设置专业学科和职业教育体系，培养急需的专业技术人才。注重在高校院所科技成果转移转化过程中的创新型人才协同孵化功能，在创新实践中锻炼人才。另一方面，突出“高精尖缺”的靶向引才。瞄准科技前沿和国际水准，立足全球视野，聚焦战略科技领军人才，实行更加积极、全面、开放的人才政策，形成识才、爱才、用才、聚才的人才生态环境。当然，更为重要的是，利用创新文化培育人才。厚植尊崇创新的文化土壤，人人自觉践行锐意进取、追求卓越的价值理念，全社会弘扬工匠精神、企业家精神、创新精神，实现高层次科技人才争先创新创业的同屏共振局面。

4.3.3　关注产业核心技术自主可控

构建现代产业体系，核心技术自主可控是关键。在发展进程中，始终保持紧迫感、危机感，适时引导产业转型升级，构建出梯次型的现代产业体系。首先，在优势产业领域，从供需出发，系统梳理产业链上下游技术、元器件、产品等可能或已经存在的“卡脖子”问题，拿出时间表、路线图，构建攻关体系，围绕产业链拓展创新链空间；其次，在优势技术领域，加强应用基础研究、前沿高新技术与产业关键技术攻关衔接，加快优质科技成果转化与战略性新兴产业培育衔接，建立若干具有自主知识产权的高成长性企业，实现创新链培育产业链；最后，值得注意的是，在攻克关键核心技术进程中，注重发挥长三角、京津冀和粤港澳大湾区等城市群的区域一体化作用，通过跨区域整合创新资源、合力建设重大科研基础设施和产业、组建产业技术创新联盟等多种形式，推动我国产业高质量发展，让区域发展共建、共创、共享全产业链攀升收益。

4.3.4 推进科技与金融深度融合

科技创新涉及经济、社会、文化等诸多方面，如果没有金融行业的有效支持，科学研究基础设施、科研成果孵化、科技服务业发展、科技型企业成长等工作就不可能有序推进，就会导致创新驱动发展引擎失能、事倍功半。深圳培育出一大批高新技术企业、实现双创指数领先等成果，离不开良好的科技金融服务支撑。

通过发挥投资对优化科技金融供给结构的关键性作用，以资本市场为导向，调整、优化技术研发方向、要素价格、创新资源配置，释放多层次资本市场活力，形成覆盖产业科技创新全生命周期的金融生态体系，增强企业直接融资能力；发展金融科技，借助现代技术促进金融创新。注重充分发挥出互联网技术在极大改善金融服务供给效率和精准性以及加速科技金融深度融合方面的优势。当然，提高金融服务科技的意愿和能力，并不是一蹴而就的，必须重点完善创新风险防范与分散体制机制。

同时，通过第三方金融机构、地方政府和企业等多方联合共建股权融资服务平台等方式，分散风险，建立起投资风险、盈利水平与承担能力相匹配的融资风险管控机制，推进金融与科技自然融合。

4.3.5 善于统筹区域优势科技资源

科技资源是产业科技创新的基础，因而资源配置尤为重要。在创新发展过程中，区域创新生态系统要充分体现创新资源整合者的角色，既练“内功”，也重“外力”。

这里需要关注以下几个方面问题：首先要主动融入国家创新体系，强化战略科技力量。例如，合肥高质量推进国家科技基础设施建设，获准成立国家综合性国家科学中心，孕育出一批“0到1”的原始创新成果。其次要顺应科技创新的区域集聚规律，因地制宜地探索差异化创新发展路径，形成各具特色的区域创新格局。例如，贵州立足省情和全国定位，认为发展大数据是实现后发赶超的优选战略，因此深入实施大数据战略行动，建设国家大数据综合试验区，形成了中国大数据产业的“贵州样板”。短短5年时间，贵州大数据产业规模总量超过1100亿元，数字经济增速37%，位列全国第一。最后要深入实施“大众创业、万众创新”，建设创新创业生态体系。国际经验表明，创业式创新是产业发展的主要形式。例如，近些年，深圳迸发“草根”创新创业热情，充分释放双创潜能，探索出中小微型科技企业驱动发展模式，形成了全国独树一帜的“深圳现象”。

第3章

中国区域创新概况

第1节　创新结构特点

创新增长结构从线性发展到指数变化。在创新速率更迅猛、创新领域更多元、创新周期更简短的今天，创新速度由过去的线性增长步入到快速指数变化增长。创新线性发展阶段，创新的速率维持线性的恒定水平，不论创新成果、创新动能，还是创新主体的创新意识，均以过去一段时间的创新速率向前推进，创新结果可通过“趋势外推”实现预测。而在指数变化下，创新速率突破线性恒定规律，呈现指数式增长态势，表现为创新主体不断突破常规桎梏，创新更加活跃，创新价值常常超出预期，创新在经济社会变迁及秩序达成上的作用愈加凸显。具体而言，物联网、大数据以及人工智能三大技术之间的合作加快，创新成果和创新产品呈指数化增长，深刻影响着人们的社交方式与结构。

创新动力结构从政府推动到市场导向。曾经，政府主导的区域创新，各创新(城市)区域的创新水平与地方政府的重视程度紧密相关。现如今，随着各类创新平台的日渐普及，各类民众知识水平提高，普通群众创新智慧逐渐被激发，各创新元的创新水平日益受到各地市场化程度的影响。由此，区域创新的源动力转变为市场，由区域市场诉求“倒逼”区域创新行为，激发区域创新活动。特别是东部的一些“二三线”城市如温州、镇江、南通等，正因高度的市场化水平成为引领型创新元。

创新空间结构从城乡相望到市村互动。长期以来，我国在创新领域形成了以城市为中心、农村被动辐射的“单一性”发展模式。在此发展模式下，创新活动在城乡之间相望而不相通，呈现城乡分隔的特征，表现为各创新要素在城市集聚，各要素所组成的创新体系在城市中形成“小闭环”，城市和乡村之间形成以城市为主的“新陈代谢”机制，而农村只是向城市供给优质劳动力等与创新相关的初级资源，城乡之间缺乏创新资源要素的充分流通。2018 年，中央一号文件聚焦乡村振兴，随后中共中央、国务院印发《乡村振兴战略规划（2018—2022 年）》，强调“以科技创新引领和支撑乡村振兴，以人才汇聚推动和保障乡村振兴，增强农业农村自我发展动力”。在乡村振兴战略的带动下，乡村文化创意产业、“互联网＋农业”等新产业、新业态不断涌现，乡村社会创新机制正在完善，尤其是在社会创新、文化创新等领域与城市之间互动频繁，初步形成了市村互动、互补、互促的“全闭环式”创新发展格局。

创新网络结构从梯度发展到干支联动。随着区域创新水平的持续提升，区域间的创新发展不平衡、不充分的态势日渐明显，呈阶梯固化特征。2016 年，广东、浙江和江苏 3 省引领型创新元个数分别为 13、16、17 个，已超过全国的“半壁江山”。东部地区创新环境、创新投入、创新产出始终居于高位，新技术和新知识的产生、流动、更新和转化态势更为活跃。中部、西部地区创新元呈现“主干”引领带动、“多支”竞相发展、“干支”交互联动的发展态势。例如：成都、西安、武汉、长沙、郑州等中西部城市区域创新综合指数基本稳固在前 30 位，成为中西部创新元的区域之“干”，而以太原、贵阳、绵阳等地为代表的城市则组成了中西部区域创新之“支”。从整体上讲，尽管创新在区域间呈现梯度发展不平衡，但东部、中部、西部地区已基本形成“干支联动”、协调前行的创新发展格局。

创新体系结构从科技孤岛到体系通畅。创新主体发展不均使得创新环节体系不畅是造成创新领域的“孤岛现象”的主要原因。随着市场在创新资源配置中的决定性作用得以发挥，过去以政府为主导的创新发展模式转变为政府、市场、社会在创新领域的大致归位，创新主体间互动互促的网络体系初步形成。首先，政府正从主导创新向强化创新支持体系转变，以此推动市场创新以及科技成果的价值转化，成为创新领域放开手脚谋发展的坚强后盾。其次，市场决定性地影响着创新资源的投向，形成以市场为导向的科技成果评价体系，从微观层面链接各创新要素及环节的联动发展，逐步实现以创新驱动产业发展并带动经济发展的格局。最后，各创新元以政府为引导、科研机构和企业为主体的政产学研用协同创新机制已初步形成。创新各要素之间的科技孤岛，通过政企社之间的主体角色归位与创新互动机制建设，逐步形成通畅体系。

第2节　城市区域创新能力评价[①]

基于城市管理者对创新城市建设的需要，根据城市创新的特殊性，以欧盟委员会的《欧洲创新记分牌》为蓝本，并参考了科技部的《国家创新指数报告》《中国区域科技创新评价报告》，国家统计局的《创新型国家进程统计监测研究报告》和OECD的《OECD科学技术和工业创新记分牌》，建立了由创新条件、创新投资、创新活动和创新影响四个模块、11个二级指标和32个三级指标构成的评价体系，对我国20个经济较为发达、区域科学研究与技术创新的中心城市和改革开放以来异军突起的新型创新城市进行了评价。结果显示，参评城市总体创新水平为67.12％，比上年提高了3.87个百分点。其中，北京、深圳、上海和南京创新总指数高于20个城市的平均水平，保持在前4位。天津排在第5位。杭州由上年的第8位上升至第6位；宁波由上年的第13位下降至第15位；其他城市的位次没有太大变化。

城市是国家创新的孵化器，城市的创新能力是一个国家创新能力的重要体现。在国家自主创新体系中，城市发挥着极为重要的支撑作用、带动作用、传承作用和示范作用，是国家实现自主创新、调整产业结构、转变经济发展方式的重要场所。我国行政区划确定的地区之间存在着很大的差异，特别是京、津、沪、渝与其他地区存在着诸多不可比之处，通过创新城市评价可以使我们了解城市或地区创新的真实状况，使得创新评价更有说服力。《2019年中国创新城市评价报告》将20个参评城市的指数值进行一一调整，可得到20个城市在国际上的创新水平。结果显示，北京、深圳、上海、南京的创新指数较高，属于创新领导者。同时，该报告还运用许多突出反映创新能力的指标，如发明专利拥有量、美国专利拥有量、有效商标注册数、技术国际收入、知识密集型服务业增加值、资本生产率等，对于城市来说较为珍贵、较难获取的指标。

《2019中国创新城市评价报告》显示，我国的城市创新具有以下特点：

参评城市创新水平均稳步提升。根据创新城市评价标准，参评城市总体创新水平指数为67.12％，比上年提高了3.87个百分点。根据创新总指数，可将参评城

---

① 北京立言创新科技咨询中心. 2019中国创新城市评价报告[EB/OL]. [2020-3-4]. http://www.liven.org.cn/report.aspx.

市划分为四类:第一类为北京、深圳、上海和南京,创新总指数高于20个城市的平均水平(城市创新总指数为67.12%),属于我国(不包括港、澳、台,下同)创新水平最高的4个城市。第二类为天津、杭州、苏州、广州、西安和厦门,创新总指数低于20个城市的平均水平,但高于60%,属于我国创新水平较高的6个城市。第三类为武汉、成都、济南、青岛、宁波、大连、沈阳和长春,创新总指数低于60%,但高于全国平均水平(全国创新总指数为38.94%)。第四类为哈尔滨和重庆,创新总指数低于全国平均水平,属于参评城市的下等水平。与上年比较,20个城市的创新总指数均高于上年水平,成都和南京2个城市的增幅高于城市平均增幅(城市创新总指数比上年提高了3.87个百分点)。除长春、大连、杭州、宁波、广州、北京、苏州、天津和哈尔滨9个城市以外,其他城市的增幅高于全国平均增幅(全国创新总指数比上年提高了2.37个百分点)。

第一类城市跻身创新领导者行列。尽管中国创新城市评价指标体系与《EIS》存在差别,但可参考统计比值换算的原理,将前者的指数换算为后者的指数。通过换算可知,参评的20个城市总体创新总指数为137%,即这20个城市合计明显高于欧盟平均水平(105%),仅低于参评的欧盟国家中最高的瑞典、丹麦和非欧盟国家的瑞士,处于创新领导者的区间。其中,北京、深圳、上海、南京4个第一类城市属于创新领导者;第二类城市及除长春外的第三类城市属于强大创新者;长春及第四类城市属于中等创新者;无城市划分至一般创新者。

北京、上海科技创新中心建设成效显著。北京和上海作为科技创新中心的实力和作用初步显现。以中关村科学城和张江国家自主创新示范区建设为基础,以周边区域协同发展为延伸,北京和上海的创新人才和人力资本集聚水平、创新创业投入规模和强度、知识创造的广度和深度、技术成果传播和扩散效应,对国内乃至国际的创新辐射力均明显领先于其他地区。北京的创新总指数为82.20%,排在第1位,比上年提高了1.06个百分点。其中,创新影响指数仍排在第1位,其规模及对周边地区的辐射能力遥遥领先于其他城市,是北京的创新优势所在。创新条件指数、创新活动指数排在第2位;创新投资指数排在第4位。R&D经费支出与GDP比值、万人输出和吸纳技术成交额、亿元GDP国家级高新区总收入等指标均排在参评城市的第1位。上海的创新总指数为73.36%,排在第3位,比上年提高了3.35个百分点,增幅排在第4位。其中,创新影响指数、创新活动指数仍排在第2位和第3位;创新投资指数排在第3位;创新条件指数排在第6位。万元GDP技术国际收入排在参评城市的第1位,知识密集型服务业就业人员占全社会就业人员比重排在参评城市的第 2 位，是上海的优势所在。

粤港澳大湾区建设取得明显突破。推进粤港澳大湾区建设，是新时代推动形成全面开放新格局的新举措，也是推动“一国两制”事业发展的新实践。广州与深圳相连，成为我国南方地区对外开放的门户，是全国科技创新与技术研发基地和经济发展的重要引擎，辐射带动了华南、华中和西南地区城市创新发展。深圳的创新总指数为 80.41%，排在第 2 位，比上年提高了 2.58 个百分点。其中，创新投资指数和创新活动指数均排在第 1 位，是深圳的优势所在；创新影响指数仍排在第 3 位。企业 R&D 经费支出与 GDP 比值、新产品销售收入占主营业务收入比重、工业企业万名就业人员发明专利拥有量、每十亿 GDP 的 PCT 专利申请数、每十亿 GDP 的美国专利拥有量等指标均排在参评城市的第 1 位。广州的创新总指数为 61.35%，排在第 8 位，比上年提高了 1.66 个百分点。创新条件指数仍排在第 3 位，是广州的创新优势所在；创新活动指数比上年上升 4 位，上升幅度较大。同时，在人力资源、质量发展方面有一定的优势，其中，大专以上学历人口占比重、百万人口大专院校在校学生数、劳动生产率、资本生产率等指标均排在参评城市的前 5 位。

我国城市创新格局正逐步形成。纵观参评的 20 个城市的创新特征，可以看出我国城市创新格局正在逐步形成。其中，天津、沈阳、济南、青岛和大连依托环渤海经济圈，与北京相互呼应，在区域创新与经济发展中发挥着带动和示范的作用。从创新条件指数看，济南排第 8 位，比上年上升 2 位。从创新投资指数看，青岛、济南比上年上升 1 位。从创新活动指数看，沈阳比上年上升 3 位；青岛、大连比上年上升 1 位。从创新影响指数看，天津排在第 6 位。南京、苏州、杭州、宁波、厦门凭借“长三角”的经济和区位优势，与上海连成一体，是国内经济发展速度最快、经济总量规模最大、最具有发展潜力的经济板块。从创新条件指数看，南京排第 1 位；杭州排第 4 位；苏州比上年上升 2 位；厦门比上年上升 1 位。从创新投资指数看，杭州排第 2 位，比上年上升 1 位；南京比上年上升 1 位。从创新活动指数看，南京排在第 4 位。从创新影响指数看，苏州排第 4 位。此外，武汉、重庆、成都和西安作为我国中西部的代表城市，也是国内科技创新资源丰富、基础条件较好城市。从创新条件指数看，武汉排在第 5 位，比上年上升 2 位；成都比上年上升 1 位。从创新投资指数看，西安排在第 5 位；重庆比上年上升 4 位；武汉、成都比上年上升 1 位。从创新活动指数看，西安排在第 5 位，比上年上升 2 位；成都比上年上升 4 位。从创新影响指数看，成都排第 5 位，比上年上升 2 位；武汉比上年上升 1 位。由此可见，参评的 20 个城市已经具备创新型城市的资源和能力，与我国其他众多城市比较，是迄今当之无愧的创新型城市。

第 3 节　区域创新问题及建议

3.1　主要问题

创新投入强度仍有差距。党的十八大作出实施创新驱动发展战略的重大部署，国家财政科技支出及研究与试验发展（R&D）经费投入增加，创新投入强度持续提高，创新在经济社会发展中的战略地位日益凸显。国家统计局发布数据显示，2017 年我国 R&D 经费达到 17606.1 亿元，比上年增长 12.3%；R&D 经费投入强度为 2.13%，比上年提高 0.02 个百分点；国家财政科学技术支出 8383.6 亿元，占当年国家财政支出的比重达到 4.13%。[①] 但比较而言，创新投入强度仍存在两方面的差距：一是与发达国家比，总体投入强度较低。2017 年 R&D 经费投入强度与 OECD 国家 2.40%的平均水平还有距离，与创新型国家建设达到 2.5%的目标仍有差距。二是区域间投入强度仍不平衡。2017 年 R&D 经费投入超过千亿元的省（市）仅 6 个，分别为广东、江苏、山东、北京、浙江和上海。总投入占全国的比重达到 59.1%且投入强度超过全国平均水平的省（市）仅有 7 个，分别为北京、上海、江苏、广东、天津、浙江和山东。即绝大部分省（市）均低于全国平均水平。

创新资源争夺明显加剧。当前区域竞争正逐步由规模速度转向质量水平。在行政区划边界对创新资源的流动、传播、集聚依然有明显制约作用的背景下，区域间创新资源的争夺明显加剧。一方面，对资金、项目等传统创新资源的争夺仍然激烈。国家、部省自上而下的政策试点、资金投入、项目布局仍然是各区域关注的重点，同时，科技金融创新力度也不断加强。另一方面，对人才、平台等创新资源的竞争成为焦点。2017 年以来，城市间、区域间的人才竞争加剧，全国共 60 余个城市和省份先后出台了人才新政。如北京、上海瞄准顶尖人才，武汉、成都、天津等多个城市以引进高校毕业生为主，同时高规格引进国际顶尖专家及各行业杰出人才，郑

① 数据来源于《2017 年全国科技经费投入统计公报》。

州、沈阳、西安、呼和浩特等不少城市把引进学历型人才的门槛降至中专，并放宽对高级工等专业技能人才的引进。总的看来，相对于传统创新资源以向上争取支持为主的方式，人才、平台等创新资源的竞争区域自主性更强，方式更加多元化，竞争的白热化程度明显升级。

创新成果质量仍需提升。进入高质量发展阶段，意味着发展方式、经济结构、增长动力的多重转向，创新成果质量及其转化应用成为区域竞争的重要内容。但从区域创新产出对区域发展的贡献来看，创新成果质量仍需提升。一方面，能够形成领先技术的原始创新不足。虽然近年来我国创新成果产出日益丰富，但重大原始性创新成果和具有自主知识产权的成果仍然较少，基础研究成果转化为领先技术的比例也低于美、日、德等发达国家。虽然我国一些区域已经成为世界工厂的重要组成部分，但是重点行业核心关键技术的掌握和开发仍未达到国际先进水平，原始创新能力不足已成为阻碍我国产业发展的关键。另一方面，创新成果应用转化仍然是短板。创新成果应用转化是实施创新驱动发展战略的重要任务，也是科技转变成现实生产力的重要途径，但目前创新成果应用转化难题仍未完全破解。作为创新主体的企业创造、吸纳、运用创新成果的能力与动力不足，而现行考核体系下高校、科研机构等对成果的创新性、市场应用性重视不够，导致创新成果与企业需求和产业技术发展有较大差距。

创新政策激励链条偏长。区域创新需要金融、科技、人才、知识产权以及行政管理等多方面的体制机制创新和政策突破，但这些领域的改革往往已步入深水区，创新政策激励链条偏长，影响了政策实施的效率和成效。一是政策传递链条过长。许多政策需要争取国家部委的支持，虽然现有的政策传递路径能够将政策试点风险控制在最低程度，并通过多次协商沟通可将达成共识的政策授权实施，但对于改革试验的关键领域和重点政策缺乏有效的沟通机制，政策传递链条过长、制度性成本过高。二是市场视角政策需求的研究还有所缺乏。不论是全国性还是地方创新政策的制定，仍然还是偏向政府视角，而对于中小企业、创业机构等区域创新中市场主体的政策需求关注和研究还不够，对制约其创新的痛点把握不够准确，政策激励方向或方式有所偏差。

创新改革试点亟待统筹。为深入推进创新驱动发展战略，国家开展了一系列以科技创新为核心的改革试点，包括国家自主创新示范区、全面创新改革试验区、国家创新型城市试点等。这些改革试点对地方创新实践探索起到了积极的推动作用，但同时也存在部门分割、任务交叉等方面的不足。一是改革试点由不同的部委牵头实施。国家自主创新示范区经国务院批准由科技部牵头实施；全面创新改革试验区经全面深化改革领导小组批准由国家发展改革委、科技部联合牵头实施；创新型城市试点由国家发改委批准实施。当同一个区域同时成为多项改革试点时，地方往往从各部门角度出发分别进行设计，缺乏对改革任务的统筹考虑和系统设计。二是跨区域试点统筹难度极大。跨区域的改革试点通常是采取在省级层面成立工作领导小组的方式进行统筹，实际推进工作仍由各地方政府具体负责。在省级层面领导小组框架下各自开展政策试点，可能导致区域之间的政策沟通缺乏有效协调，或者说这样的组织架构和运行机制在协调跨区域创新改革中的制度成本较高。

3.2 相关建议

强化创新体系的系统构建。从人类经济、社会发展实践来看，区域的形成首先来源于人类活动对于一定空间的需求和不同区位之间存在差异的认识，而区域创新体系的形成则建立在区域的形成和创新体系中区域作为较优的组织层次，并同时具备组织者角色的基础上。区域创新体系的形成内生于区域发展过程，需要在顶层设计上注重系统构建，突出“统筹”这一关键词。一是统筹各层级行政区域的职能定位，形成“点—轴—网络”的区域创新空间格局。各区域中的中心城市应发挥作为创新大脑的极核作用，承担创新源头驱动、辐射带动等功能；次级城市应作为创新传输轴线，成为创新成果向区域腹地外溢的通道和桥梁；广大腹地区域应成为支撑创新的基地，从资源配置、人才供给、市场腹地等方面为核心区域的创新提供支持。二是统筹各类创新主体的角色定位，形成多元主体推动区域创新的局面。强化政府对区域创新的宏观调控能力，发挥科研及教育机构知识驱动作用，通过政策激励和机制优化促进企业真正成为创新主体，使得各创新主体在资源互补、利益共享的基础上，形成具有鲜明区域特色的协作创新集群，真正建立起以企业为主体、市场为导向、产学研相结合的区域创新体系。

打破区域协同的行政壁垒。“行政区经济”是指由于行政区划对区域经济的刚性约束而产生的一种特殊区域经济现象，是我国在从计划经济体制向社会主义市场经济体制转轨过程中，区域经济由纵向运行系统向横向运行系统转变出现的具有过渡性质的区域经济类型。“行政区经济”在当前区域发展以及创新实践中仍刻烙印，日益激烈的创新资源争取正是在这样的背景下出现，需要通过区域间的协同，实现创新“共振”。一是打破创新资源流动的行政壁垒。顺应区域发展的集聚扩散规律，强化构建省际、市际高层级的沟通协商机制，支持通过城市间规划引导、政策协同、企业联盟等形式形成跨行政区域的创新网络；打破行政壁垒，有效整合国家和地方资源，搭建跨区域的创新资源共享平台，最大限度激发和释放创新资源的共享程度和利用效率。二是构建跨区域的创新产业集群。产业集群不仅能极大提高所在地区创新绩效水平，而且能促进该地区向周边地区的知识流动和技术扩散。在产业集聚基础上打破行政区划限制，构建跨区域的创新集群，促进企业间信息交流，实现资源的互补和共享，使企业间、产业间、企业与产业间的联系成为促进技术创新成果产出和扩散的重要方面。

注重创新成果的溢出效应。创新成果对区域发展的带动主要通过溢出效应实现。由于要素的流动与主体间的联系不同，创新成果的溢出效应也呈现出波浪式和等级式两种不同的形态：波浪式溢出主要强调创新成果从核心区域向边缘区域的扩散，表现为空间上的连续性，近邻效应明显；而等级式溢出则是指创新成果从中心区域向其他较大的中心扩散，等级效应明显，近邻效应较弱。基于此，可从两个方向提升创新成果的溢出效应。一是注重近邻效应，强化创新成果的波浪式溢出。核心区域可通过成果转移以及对边缘区域产业化投资等方式，扩大创新成果产业化应用区域，形成辐射带动效应；相邻区域在制定区域创新规划和政策时，应注重考虑对相邻区域创新资源的统筹整合，构建创新资源跨区域流动配置的体制机制，最大限度发挥创新成果的波浪式溢出效应。二是注重等级效应，强化创新成果的等级式溢出。以京津冀、长三角、珠三角、长江中游、成渝、中原、哈长和北部湾等城市群为重点，强化核心城市在推动区域创新中的极核作用，发挥次级城市的等级节点作用，从而使创新成果以等级式溢出形式辐射带动更大的区域范围。

形成抢占风口的激励机制。信息技术与传统产业的深度融合，正在引发影响深远的产业变革，特别是以云计算、区块链、大数据等为代表的新一代信息技术与现代制造业、生产性服务业等融合创新，使得新技术、新产业、新业态、新模式日新月异。这些都要求区域创新主动适应新趋势，以“抢位”的自觉和姿态抢占引领前沿和趋势的风口。一是形成抢占经济科技战略制高点的政策激励机制。实现创新驱动关键是要发挥市场配置资源的决定性作用，但同时也需要政府这只“有形的手”进行引导和推动。政府应通过具有针对性的政策激励，使区域创新目标内化为企业及科研机构等创新主体的自觉行动。应通过实施国家科技重大专项行动、引导研发具有自主知识产权的重大战略产品等，各区域应及时制定前沿性的区域创新战略目标，实施重大产业化工程，引导和推动抢占经济科技战略制高点。二是构建有利于新经济蓬勃发展的政策激励机制。将管理创新作为促进新经济发展的重要支撑点，针对大数据、区块链、人工智能等新经济发展特点，推进"放管服"改革，实现政府管理从审批向服务转变；将激发市场活力作为培育新经济的重要基础，营造宽松、开放、鼓励创新的市场氛围，形成遵循市场规律和发挥市场功能的扶持机制；强化新经济培育和发展的资源聚焦、政策聚焦，深化跨部门、跨区域联动机制，形成全方位互动的工作机制和推进合力。

激发区域创新的内生动力。区域创新系统主要是由在地理上邻近、分工明确且关系紧密的企业、研究机构和高等教育机构等不同主体构成的区域性组织体系，这种体系不仅支持区域内创新，而且能够通过相互作用产生创新。实践证明，区域创新具有开放性、动态性、容错性以及自适应性等自组织特征。因此，只有以自组织理论为依据，通过把握自组织特征进行区域创新政策机制设计，才能真正激发区域创新的内生动力。一是重视保持系统开放性的政策机制设计。只有开放才能促进交流，而交流是产生知识和创新的源动力。应通过平台搭建、机制设计及信息共享，提升系统内政府、企业和科研机构等主体间的沟通与交流，确保系统内外部物质、能量和信息的及时交换。二是根据自组织进化所处的不同阶段采取针对性政策。区域创新自组织演化进程可以分为孕育期、成长期、成熟期三个不同的阶段，每个阶段的政策需求有所不同，比如在孕育期，系统内主体间的联系还不紧密，政策重点就应该聚焦在搭建平台促进协作交流上；在成长期，系统内已经形成了较为明细的分工和合作，政策重点则可放在对专业服务及行业协会等创新中介媒体的支持上；在成熟期，系统已较为完备，政策重点可转向创新文化的营造和提升等方面。

第4章

江苏省的创新发展路径

第 1 节　创新型省份

1.1　创新型省份的内涵

党的十九大报告明确指出要加快建设创新型国家，建成科技强国，2019 年的中美贸易战更加警醒我们深刻认识科技创新的极端重要性和紧迫性。创新型省份建设是创新型国家建设的重要组成部分，新时期国内外激烈的竞争态势，对创新型省份建设提出了新挑战和新要求。

科技部于 2016 年出台《建设创新型省份工作指引》，批准了江苏、安徽、陕西、广东、山东、四川、福建、湖南 8 个创新型省份建设试点。当前，新一轮科技革命和产业变革加快孕育兴起，世界各国都在加快科技创新布局，抢占新一轮国际竞争制高点。

国内区域科技竞争也日趋白热化，广东着力推进粤港澳大湾区建设国际科技创新中心；江苏出台科技创新"40 条"，积极打造具有国际影响力的产业科技创新中心。新时期国内外激烈的竞争态势，对创新型省份建设提出了新挑战和新要求，需要从科技创新发展的基本理论出发，深入研究系统化提升创新型省份建设的路径，推进创新型省份建设的高质量发展。

创新型省份的概念来源于创新型国家，周勇等将创新型省份定义为：把创新作为基本发展战略，具备进行持续创新的人才和物质动力基础，具有较强的创新能力，创新成为经济社会发展的主要驱动力，并形成强大竞争优势的省份。创新型省份建设既要体现国家战略意图和战略目标，又要根据自身的资源禀赋、经济基础、发展定位来选择创新型省份建设路径。创新型省份建设是一个系统工程，需要通过创新资源、创新能力、创新环境、创新制度的系统化协同运作，实现创新活动的最终目标。创新型省份的建设机制主要通过创新主体在创新型省份建设的运行模式体现，主要包括创新目标决策、创新研究与开发机制、对创新成果有效化的支持等方面。[①]

1.2　江苏创新型省份建设

创新是引领发展的第一动力，基础研究则是创新的源动力。近年来，江苏主动融入国家创新体系，积极参与国家重大科技专项，在基础科学和前沿技术领域取得了显著成绩。中科院紫金山天文台的研究团队通过世界首颗暗物质粒子探测卫星"悟空"号，发现了可能与暗物质相关的电子宇宙射线异常波动，该发现取得了引领性原创成果的重大突破。位于连云港的"高效低碳燃气轮机试验装置"大科学装置项目，投资超过 6 亿元，致力于打破国外对燃气轮机技术的垄断封锁，将为我国能源结构调整、保障能源安全提供重要技术装备。

江苏加强与国内知名高校和科研院所合作，推动未来网络试验设施、纳米真空互联试验站、高效低碳燃气轮机试验装置、"神威・太湖之光"超级计算机等一大批国家重大科技基础设施落地生根。"十三五"以来，江苏承担的国家自然科学基金、国家重大专项、国家重点研发计划超过 7000 项，97 个项目获得国家科技奖励，均稳居全国各省份之首。江苏省着力推动产业转型升级，抢占创新发展制高点。

在全国率先按新体制机制组建江苏省产业技术研究院，从全球范围选聘 60 多位一流领军人才担任项目经理，培育建设 40 家专业研究所，面向产业前沿实现关键核心技术突破，成功转化科技成果近 3000 项，衍生孵化科技型企业 500 余家，逐步成为江苏省产业技术创新的重要"策源地"。

江苏省将产业技术创新作为主攻方向，着力培育创新型产业集群。江苏省纳米产业成为国际微纳领域八大产业创新中心之一，物联网产值率先突破千亿元大关，石墨烯产业发展处于领先地位，未来网络产业集聚态势初步显现。作为制造业大省，江苏省在装备制造、生物医药、新材料等工程技术型产业方面具有明显优势，拥有多家实力较强的中央企业或大型国有企业，2010 年以来，江苏工业经济规模总量一直稳居全国第一位。2017 年，规模以上工业产值达 15.4 万亿元，在新一代信息技术、新能源、节能环保、生物医药、新材料等领域具有一定的全球领跑优势。

① 周勇，刘君钦，詹可军，等. 创新型省份研究[M]. 成都：电子科技大学出版社，2010：10－15.

近年来，江苏企业在工程技术突破上不断进取，积极发展自主可控产业技术，如数控机床的核心部件(滚动功能部件)，其制造技术长期被德国、日本企业垄断，南京工艺装备制造有限公司通过多年技术攻关，掌握相关技术，实现进口产品替代，成为国内滚动功能部件行业的龙头企业。

江苏省依托雄厚的科研实力，加强与民生改善密切相关领域的核心关键技术攻关，搭建科技创新平台，加大科技成果转化应用，推动实现创新利民、惠民，提升人民“获得感”。由南京大学、宜兴市人民政府、宜兴市环科园共建的南京大学宜兴环保研究院，面向水环境治理需求，开展环境产业核心共性技术、关键工艺及战略性前瞻性技术研发，相关研发成果支撑任洪强教授团队近年来获得国家级科学奖3项，为南京大学环境学科发展、环境科学与工程专业建设“世界一流学科”提供了强有力支撑；同时，服务和支撑全国23个省份、72项涉及化工制药、轻工纺织及工业园区废水治理工程的成功实施，形成国家/省优秀示范工程21项、国家/省高新技术产品36个，为400多家环保企业提供了专项服务。总的来看，江苏省在新巴斯德象限的基础科学、技术科学、工程技术、面向公共服务的科学研究四个单元都取得了一定成就，创新型省份建设成效显著，科技创新能力大幅提升，科技创新发展站在新的起点上。

从基础科学领域来看，重要国家级创新高地建设缺位。“十三五”以来，国家瞄准世界主要科学中心的目标，主攻基础研究“短板”，形成了科技创新中心、国家实验室、综合性国家科学中心、国家重大科技基础设施四个层面的梯次接续的系统部署，新一轮创新布局正加快推进。江苏省国家重点实验室、国家工程技术研究中心等平台数量均居全国前列，但与北京、上海等国内先进省市对比，国家重大创新平台建设无论从现有数量上还是规划创建上均处于相对落后的地位，原有的重大平台基础优势未能及时转化成新的发展动能，整体融入国家创新体系的主动性不强，集成创新和融合交叉的再创新能力不足。从技术科学领域来看，科技与产业融合匹配程度偏低。江苏省部、省属科研院所及高校数量位居全国前列，拥有56所部属院所和11所985、211高校，专业门类较全，涵盖电子信息、装备制造、新材料、新能源、生物医药、环保、农业等新兴产业和传统学科领域，部分科研院所和高校科研创新能力较强，科研成果丰富。

但从整体来看，江苏省多数科研院所及高校的市场化、社会化导向较弱，科研体制较封闭，还没有形成与市场机制相适应的体制机制，与企业之间的合作机制不健全，高校院所专业结构与产业结构的匹配度不高，较少能够根据企业和市场对产业技术的需求提供科研成果和研发服务，导致科技创新和产业发展相脱节。2017年，教育部公布的“双一流”建设学科名单中，江苏省15所高校共入选了43个学科，其中40%与省内产业技术领域无关；全国167个工学类一级重点学科中，江苏省仅占17个；“十二五”以来，江苏省企业牵头完成的国家级获奖成果共85项，其中与省内高校院所合作的仅11项，占13%左右。从工程技术领域来看，企业创新主体作用未充分发挥。企业在工程技术研发中起主导作用，研发经费投入是反映企业自主创新的重要指标，江苏省内企业研发经费投入强度偏低。2016年，省企业研发经费投入占主营业务收入比重为1.06%，低于广东（1.3%）和浙江（1.43%），不及发达国家平均值的1/4。

整体上，江苏省企业核心技术突破不畅，高端产业低端环节困境仍亟待破解，绝大多数企业缺乏自主品牌和核心技术，尤其是大多数出口企业属于贴牌和代工，自主品牌比重略高于15%，而浙江达到25%，广东接近23%，韩国超过60%。从面向公众服务的科学研究领域来看，科技创新的社会感知度不高。2017年，江苏专利申请量、授权量分别为51.4万件、22.7万件，发明专利申请量18.7万件。专利申请量和授权量、发明专利申请量连续多年位居全国第一。但从《2012—2017科技创新对人民群众“获得感”贡献分析报告》来看，在各省（市、区）科技领域人民群众获得感的排名中，广东、北京、山东位居前三，江苏排在第七，科研“只开花、不结果”，为公众服务的成果转化和应用偏少。以医院就医为例，江苏、浙江的医疗水平都很高，但就医体验却差别显著。浙江用互联网构建健康医疗大数据中心、网上预约诊疗服务平台，实现了看病免挂号、离院再付费，“最多跑一次”的理念延伸到方方面面；在南京，挂号难、就医流程繁琐、等待时间过长、诊疗过程仓促等传统弊病仍然困扰着百姓。从本质上来看，江苏省在新巴斯德象限四个单元领域存在的不足，归根结底是由于科技创新体制机制不完善。

近年来，江苏省出台了科技创新“40条政策”等政策性文件，加快促进科技成果转化，但省内高校院所及科研人员转化成果的意愿不强、动力不足，从61所省属高校上报材料的情况来看，近1/3没有出台内部成果转化实施办法，实际发生的成果转化或专利转让项目较少，成果转化转让收入数额较低。体制机制上的不健全还导致江苏省创新生态建设进度不快，高端创新资源特别是一流创新人才和团队集聚力度不够。

根据汤森路透《2017年全球最具影响力的科研精英》报告可知，在全球3538名高被引科学家中，我国有249名科研人员进入榜单，其中北京96人，浙江15人，江苏13人；而在2015年，我国在该榜单中共入选144人，其中北京49人，江苏7人，浙江仅5人，江苏高端科研人才引进步伐明显落后。面对国内外激烈的科技竞争态势，江苏省应持续推进科技体制改革，以系统化思维推进创新型省份建设，破解制约创新驱动发展的瓶颈，加快基础科学领域的重大创新突破，加速技术科学领域的产业新旧动能接续转换，支持和推动工程技术领域的企业自主创新，解决公共服务领域科技创新"获得感"偏低问题，全面提升创新对江苏高质量发展的支撑能力。

第2节 江苏经济增长要素贡献的实证分析

2.1 研究背景

我国经济发展进入高效率、低成本、可持续发展的中高速增长阶段经济。在这一阶段，经济增长从资本、劳动、能源等要素投入驱动型模式转向创新驱动型模式。本节以江苏为样本，研究物质资本、人力资本、技术和能源等要素对经济增长的作用，构建包含多种投入要素的生产函数模型，定量分析要素对经济增长的产出弹性，利用系统动力学方法构建经济增长仿真系统。从要素投入对产出影响的视角进行政策模拟，寻找新常态下经济持续增长的路径。研究中构建了包含人力资本、物质资本、创新、能源要素的经济增长模型，估算了2004—2017年江苏的要素产出弹性。估算人力资本、能源等不同要素对经济增长的贡献率。生产要素对不同地区、不同产业增长的弹性不同，对第一、第二产业增长作用最为显著的要素分别是能源和物质资本，产业增长没有跳出粗放投入的路径依赖。江苏是个典型区域。江苏增长依赖包含创新的多样性要素投入。江苏模式更加适应新常态经济增长需要。

2.2 经济增长模型构建

在经济核算模型柯布-道格拉斯生产函数（C-D函数）中，基本投入要素是劳动力（人力资本）和资本（物质资本）。研究中以人力资本要素替代劳动力要素。得到：

$$Y = AK^{\alpha}H^{\beta}. \quad (1)$$

式(1)中 A 表示技术进步，K 表示物质资本，H 表示总量人力资本。α、β 为产出弹性。由于研究经济增长研究中只考虑总量人力资本不足以说明问题，一些学者试图通过实证研究验证人力资本的结构性变量对经济增长的贡献。[①] 不同教育水平的人力资本对经济增长有不同影响。[②,③] 有学者认为应该增加高素质人力资本在就业者中的比例；[④,⑤] 人力资本结构升级有利于保持经济增长速度。[⑥] 不同教育水平的人力资本应该表现出产出上的差异。考虑人力资本的教育水平差异，对传统的 C－D 生产函数进行拓展，则有：

$$Y = AK^{\alpha}H_1^{\beta_1}H_2^{\beta_2}H_3^{\beta_3}. \quad (2)$$

式(2)中 H_1 为初级人力资本(小学学历人数)，H_2 为中级人力资本(初中、高中学历人数之和)，H_3 为高级人力资本(大专及以上学历人数)。β_1、β_2、β_3 为产出弹性。西方学者构建经济核算模型时主要基于西方发达国家的实际情况，发达国家是已经实现工业化的国家，经济增长方式与发展中国家不同。随着研究对象的拓展，传统核算模型难以很好解释尚未实现工业化的国家和地区，因此不少西方学者在研究中考虑能源要素的作用。[⑦,⑧,⑨,⑩,⑪] 据估计，中国在“十二五”期间可以认为

---

① 李雪艳，赵吟佳，钱雪亚. 人力资本异质性、结构与经济增长[J]. 商业经济与管理，2012(5)：82－88.

② 陈仲常，谢波. 人力资本对全要素生产率增长的外部性检验——基于我国省际动态面板模型[J]. 人口与经济，2013(1)：68－75.

③ 朱晓东，张忠家，王利军. 我国高等教育对经济增长贡献的区域差异研究——基于人力资本产出弹性视角[J]. 江西社会科学，2014，34(2)：82－86.

④ 罗勇，王亚，范祚军. 异质型人力资本、地区专业化与收入差距——基于新经济地理学视角[J]. 中国工业经济，2013(2)：31－43.

⑤ 何旭波，郑延平. 异质型人力资本集聚对地区收入差距的影响研究——来自 2001—2011 年省级单位的经验数据[J]. 经济问题探索，2013(11)：12－19.

⑥ 郭晗，任保平. 结构变动、要素产出弹性与中国潜在经济增长率[J]. 数量经济技术经济研究，2014，31(12)：72－84.

⑦ Moe E. Energy, industry and politics: Energy, vested interests, and long-term economic growth and development [J]. Energy, 2010, 35(4): 1730－1740.

⑧ Stern D I. The role of energy in economic growth [J]. Annals of the New York Academy of Sciences, 2011(1219): 26－51.

⑨ Apergis N, Tang C F. Is the energy-led growth hypothesis valid? New evidence from a sample of 85 countries [J]. Energy Economics, 2013(38): 24－31.

⑩ Dieck-Assad F A, Peralta E. Energy and capital inputs: Cornerstones of productivity growth in Mexico: 1965—2004 [J]. Empirical Economics, 2013, 44 (2): 563－590.

⑪ Kim J, Heo E. Asymmetric substitutability between energy and capital: Evidence from the manufacturing sectors in 10 OECD countries [J]. Energy Economics, 2013(40): 81－89.

整体上进入工业化后期阶段，[①]近年来，更多国内学者将自然资源或能源要素加入扩展后的增长模型用于经济分析[②,③,④]因此对国内经济增长的核算模型有必要考虑能源要素。考虑能源消耗在经济增长中的作用：

$$Y = AK^{\alpha}H_1^{\beta_1}H_2^{\beta_2}H_3^{\beta_3}E^{\gamma}. \tag{3}$$

式(3)中 E 为能源使用量，γ 为其产出弹性。经济“新常态”需要创新作为增长的“催化剂”，因此需要考虑创新要素。研究中可以使用不同指标来描述创新要素，企业通过购买技术并用于生产，这体现了创新要素对生产的直接作用，因此本研究中利用“技术成交额”来体现创新要素的投入。式(4)中 T 为技术使用量，θ 为其产出弹性。

$$Y = AK^{\alpha}H_1^{\beta_1}H_2^{\beta_2}H_3^{\beta_3}E^{\gamma}T^{\theta}. \tag{4}$$

生产函数常用规模报酬不变和规模报酬可变的两种模型。考虑到近些年经济发展环境变化较快，而且规模报酬不变可以看成是规模报酬可变的一种特殊状态，因此本研究中采用规模报酬可变的 C－D 生产函数。对式(4)两边取对数得：

$$\ln Y = \ln A + \alpha\ln K + \beta_1\ln H_1 + \beta_2\ln H_2 + \beta_3\ln H_3 + \gamma\ln E + \theta\ln T. \tag{5}$$

针对式(5)进行回归分析可以估算出各要素的产出弹性系数。

2.3 投入与产出数据整理

本研究使用教育水平分类指标来说明异质型人力资本投入，以测算出来的区域固定资产存量为物质资本投入，将 GDP 作为产出指标。GDP 数据利用历年 GDP 平减指数进行调整，以 2004 年为基年，将名义 GDP 转化为实际 GDP，得到价格调整后的可比数据。物质资本(固定资产存量)的计算采用永续盘存法，某年资本存量等于上年存量减去折旧，加上该年新增加的资本。估算得出 2004 至 2014 年固定资产存量的估计数据[⑤]，折旧率取 10%。能源消耗量根据各省份统计局和国家统计局网年度数据获得。技术交易额数据利用历年 GDP 平减指数进行调整。

① 黄群慧. 中国的工业化进程：阶段、特征与前景[J]. 经济与管理，2013，27(7)：5－11.

② 赵鑫铖，谭鑫. 自然资源对中国经济增长的贡献分析[J]. 经济问题探索，2013(7)：52－56.

③ Lin B Q, Xie C P. Energy substitution effect on transport industry of China based on trans-log production function[J]. Energy, 2014(67)：213－222.

④ 蒲志仲，刘新卫，毛程丝. 能源对中国工业化时期经济增长的贡献分析[J]. 数量经济技术经济研究，2015，32(10)：3－19.

⑤ 王圣元，陈万明，周蔓. 异质性人力资本对经济增长作用区域差异研究[J]. 工业技术经济，2016，35(2)：148－153.

数据采集时间的范围选取2004年至2017年。相关原始数据来自《中国统计年鉴》(2005—2018)。

由于篇幅所限,本研究仅给出2004—2017年江苏省相关数据的统计特征数据。表4-1中给出了第一产业产值(G_1,单位:亿元)、第二产业产值(G_2,单位:亿元)、第三产业产值(G_3,单位:亿元)、物质资本存量(K,单位:亿元)、初级人力资本(H_1,单位:万人)、中级人力资本(H_2,单位:万人)、高级人力资本(H_3,单位:万人)、技术成交额(T,单位:亿元)、能源消耗总量(E,单位:万吨标准煤)。

表4-1　数据统计特征

地区	统计特征	G_1	G_2	G_3	K	H_1	H_2	H_3	E	T
江苏	平均值	1848.02	14726.85	11626.39	67219.33	1953.06	4113.59	770.11	23430.16	169.99
	标准差	403.55	3857.95	4836.20	43647.91	169.49	334.50	260.48	5398.03	113.41
	平均增长率	6.10%	8.73%	14.01%	26.44%	−2.06%	1.51%	23.07%	8.33%	19.24%

表4-1数据显示江苏地区物质资本经过长期积累达到了很高的存量水平。各种投入要素的增速不同,平均增速最大的是物质资本的投入。物质资本的平均增速是26.44%。不同投入要素对经济增长贡献不同,为了得到不同投入要素的产出弹性系数,依据式(5),利用逐步回归法对数据进行模型估计。数据处理软件为Eviews 7.2。回归结果表明函数拟合情况很好,基本消除序列相关性,拟合结果多在1%水平上显著。用要素产出弹性乘以要素投入量增长率便是各要素投入对经济增长率的贡献。用总产出增长率减去各要素对总产出增长率贡献可得技术进步对经济增长率的贡献。①

2.4　模型估计结果与贡献率分析

江苏地区在人才与技术方面有优势,但是经济增长道路依赖于物质资本和能源的投入,导致自身优势难以显现。不乏实证研究发现发展中国家对能源的依赖,例如:Maria del P. Pablo-Romero等②发现"金砖国家"的能源产出弹性为0.37。在国内的一些研究中,对能源作为经济增长动力的理解不仅局限于能源本身,能源要

① 蒲志仲,刘新卫,毛程丝.能源对中国工业化时期经济增长的贡献分析[J].数量经济技术经济研究,2015,32(10):3-19.

② Pablo-Romero M D P, Sánchez-Braza A. Productive energy use and economic growth: Energy, physical and human capital relationships[J]. Energy Economics, 2015, 49: 420-429.

素在研究中被扩展理解为“自然资源要素”或“以能源为代表的资源要素”[①,②]。物质资本与人力资本之间有着微妙的关系：“资本—劳动替代弹性”。有研究发现东部省区资本与劳动之间是替代关系。[③] 如果能在现有条件下，加大人力资本开发力度，适当提高中高级人力资本的比重，有利于降低对资本的依赖。劳动对能源的替代性较强，资本和能源之间先替代后互补。[④] 产业结构、技术进步对能源消费弹性系数有负向影响，产业结构的影响更大。[⑤] 能源与资本也存在替代效应，我国能源与资本的工程替代弹性估计值为 0.345。[⑥] 不同要素对不同产业的作用是不同的，据此，有必要按三次产业进行产出要素弹性研究。按三次产业分别计算的要素产出弹性见表 4-2、表 4-3、表 4-4。

表 4-2　投入要素对第一产业增长产出弹性及贡献率

区域 增长		K	H_1	H_2	H_3	E	T	技术 进步	Adj. R^2 \D. W.
江苏 6.10%	要素弹性			0.222** (2.415)		0.497*** (5.868)	0.135*** (5.690)		0.979 \2.147
	要素增幅			1.51%		8.33%	19.24%		
	增长贡献			0.33%		4.14%	2.60%	−0.98%	
	贡献份额			5.49%		67.85%	42.67%	−16.00%	

注：被解释变量为 $\ln G_1$。*、**、*** 分别表示在 10%、5%、1%的水平上显著。括号内为 t 值。

传统的第一产业主要利用自然力进行生产，对技术进步、能源的要求不高。江苏第一产业增长依赖于能源、创新（技术交易）和中级人力资本。江苏保持较高的第一产业增长与创新（技术交易）要素投入密不可分。

---

① 罗岚. 我国资源和环境对经济增长贡献测度[J]. 四川师范大学学报(社会科学版)，2012，39(3)：51-57.

② 赵鑫铖，谭鑫. 自然资源对中国经济增长的贡献分析[J]. 经济问题探索，2013(7)：52-56.

③ 陈晓玲，连玉君. 资本—劳动替代弹性与地区经济增长：德拉格兰德维尔假说的检验[J]. 经济学(季刊)，2013，12(1)：93-118.

④ 于立宏，贺媛. 能源替代弹性与中国经济结构调整[J]. 中国工业经济，2013(4)：30-42.

⑤ 刘卫东，仲伟周，石清. 2020 年中国能源消费总量预测：基于定基能源消费弹性系数法[J]. 资源科学，2016，38(4)：658-664.

⑥ 刘慧慧，雷钦礼. 中国能源增强型技术进步率及要素替代弹性的测算[J]. 统计研究，2016，33(2)：18-25.

表 4-3　投入要素对第二产业增长产出弹性及贡献率

区域增长		K	H_1	H_2	H_3	E	T	技术进步	Adj. R^2 \D. W.
江苏 8.73%	要素弹性	0.143**	0.202**		−0.051**	0.644***	0.073***		0.998
		(3.423)	(2.782)		(−2.766)	(6.129)	(6.612)		\2.310
	要素增幅	26.44%	−2.06%		23.07%	8.33%	19.24%		
	增长贡献	3.77%	−0.42%		−1.18%	5.36%	1.40%	−0.20%	
	贡献份额	43.14%	−4.76%		−13.54%	61.40%	16.07%	−2.31%	

注:被解释变量为 $\ln G_2$。*、**、*** 分别表示在 10%、5%、1%的水平上显著。括号内为 t 值。

表 4-3 数据说明:江苏在能源、创新(技术交易)、物质与人力资本的共同促进下,保持了 8%以上的第二产业增长率。

表 4-4　投入要素对第三产业增长产出弹性及贡献率

区域增长		K	H_1	H_2	H_3	E	T	技术进步	Adj. R^2 \D. W.
江苏 14.01%	要素弹性	0.526***	0.383***				0.130***		0.998
		(50.302)	(42.196)				(10.612)		\2.702
	要素增幅	26.44%	−2.06%				19.24%		
	增长贡献	13.91%	−0.79%				2.51%	−1.63%	
	贡献份额	99.32%	−5.64%				17.92%	−11.60%	

注:被解释变量为 $\ln G_3$。*、**、*** 分别表示在 10%、5%、1%的水平上显著。括号内为 t 值。

表 4-4 数据表明:创新(技术交易)要素对江苏第三产业增长作用显著,创新(技术交易)要素对产业发展有着积极意义,有利于区域形成产业竞争优势。

第 3 节　江苏区域创新企业种群成长动力学分析

3.1　创新种群成长动力学模型构建思路

第一,本研究的创新种群动力学模型建立在一定区域(斑块)范围之内,研究具有区域约束特征。生态学意义上的种群是指一定时空范围内的某一种生物体的集合。斑块是指不同于周围背景的、相对均质的非线性区域。自然界各种等级系统都普遍存在时间和空间的斑块化。它反映了系统内部和系统间的相似性或相异性。不同斑块的大小、形状、边界性质以及斑块的距离等空间分布特征构成了不同的生态带,形成了生态系统的差异,调节着生态过程。

第二,本研究的模型主要关注创新种群的数量变化,其变化规律基于生物种群数量的非线性增长规律。自然界中的很多物种是非线性(指数或几何级数)增长的。创新种群的非线性增长现象也很常见。某一区域在特定时期的激励政策作用下,创新企业数可能会出现快速膨胀。本研究在充分借鉴生物种群指数模型的基础上,开发符合创新种群的动力学模型,从而得出一系列创业种群独特的研究结论。

第三,本研究的模型中,外部环境是重要的影响因素。创新种群的成长过程受到外部环境的重要影响,但又有其独特性。创新过程中的大量资源来自外部环境中的不同相关种群(组织或个体),很多外部种群通过相互合作、共同发展实现对创新过程的不同影响。因此,本研究开发的创新种群动力学模型需要体现多样化的种群—环境作用机制,从而挖掘创新种群的发展特征。

第四,种群内部的竞争和协同机制同样是重要的影响因素这一设定是基于生物种群的种内竞争原理。自然界的生物种群内部存在竞争现象。种群数量越多,竞争越激烈。种群内部竞争具有调节种群规模的作用。创新种群内同样存在一定的竞争机制,这种竞争机制会在一定程度上抑制创新种群过分膨胀,因此种群内部竞争实际上也是创新种群实现优胜劣汰的过程之一,因此这一机制同样应成为创业种群成长模型的重要构成。

基于以上基本原理,本研究借助生物种群的成长动力学模型研究创新种群的发展特征,构建种群内部动力学模型和种群外部动力学模型。

3.2 模型设定

3.2.1 创新种群内部关系模型

根据相关假设,构建企业创新种群(种群 1)内部关系模型。根据 Logistic 模型可得:

$$g_{1(t)} = \frac{dN_{1(t)}}{d_t} = \alpha_1 N_{1(t-1)} \left\{1 - \frac{N_{1(t-1)}}{K}\right\}. \tag{1}$$

$g_{1(t)}$ 表示第 t 期种群增长率, $N_{1(t)}$ 表示第 t 期种群个体数量。$\frac{N_{1(t)}}{K}$ 表示第 t 期

种群占用的资源量，创新生态系统内某一种群中每个单位占用资源为 $\frac{1}{K}$。

因为：$dN_{1(t)} \approx \Delta N_{1(t)} = N_{1(t)} - N_{1(t-1)}, d_t \approx \Delta t = t-(t-1) = 1$，

所以可设定：

$$\Delta N_{1(t)} = \beta_1 N_{1(t-1)} + \beta_2 N_{1(t-1)}^2. \tag{2}$$

$\Delta N_{1(t)}$ 为 t 期种群中个体数量的变化量。$\beta_1 = \alpha_1$，通常 $\beta_1 > 0$，表示种群内部的协同效应。$\beta_2 = \frac{-\alpha_1}{K}$，通常 $\beta_2 < 0$，表示种群的内部竞争效应，称为内部竞争系数或种群密度抑制系数。

(2) 式变形为：

$$\Delta N_{1(t)} = \{\beta_1 + \beta_2 N_{1(t-1)}\} N_{1(t-1)}. \tag{3}$$

若 $\{\beta_1 + \beta_2 N_{1(t-1)}\} > 0$，则 $\Delta N_{1(t)} > 0$，种群内部以协同效应为主，创新生态系统内的资源可以支撑创新种群中个体数量的增加，增长得以维持；若 $\{\beta_1 + \beta_2 N_{1(t-1)}\} < 0$，则 $\Delta N_{1(t)} < 0$，种群内部以竞争效应为主，创新资源难以支撑创新种群中个体数量的增加，增长难以维持。

3.2.2 环境对创新种群影响

首先要考虑科研种群对企业创新种群影响。

$$N_{1(t)} = \beta_{12} N_{2(t)}. \tag{4}$$

$N_{2(t)}$ 为高校和科研机构等科研种群（种群 2）在 t 时期的个体数量，β_{12} 为种群 2 对种群 1 的影响系数。

则 Logistic 模型可以修改为：

$$g_{1(t)} = \frac{dN_{1(t)}}{d_t} = \alpha_1 N_{1(t-1)} \left\{1 - \frac{N_{1(t-1)}}{K} + \frac{\beta_{12} N_{2(t-1)}}{K}\right\}. \tag{5}$$

(4) 式代入(5)式变形得：

$$\Delta N'_{1(t)} = \gamma_1 N_{2(t-1)} + \gamma_2 N_{2(t-1)}^2. \tag{6}$$

其中，$\gamma_1 = \alpha_1 \beta_{12}$，$\gamma_2 = \frac{2\alpha_1 \beta_{12}^2}{K}$，可得：

$$\Delta N_{1(t)} = \{\gamma_1 + \gamma_2 N_{2(t-1)}\} N_{2(t-1)}. \tag{7}$$

可以根据 γ_1，γ_2 的取值来判断种群 1，2 之间的关系。

若 $\{\gamma_1 + \gamma_2 N_{2(t-1)}\} > 0$，则 $\Delta N_{1(t)} > 0$，种群之间以协同效应为主，创新资源可以支撑创新种群个体数量的增加，增长得以维持；若 $\{\gamma_1 + \gamma_2 N_{2(t-1)}\} < 0$，则 $\Delta N_{1(t)} < 0$，种群之间以竞争效应为主，创新资源难以支撑创新种群个体数量的增加，增长

难以维持。

考虑政府和各种服务机构(例如律师事务所、会计师事务所、咨询公司、广告公司、人力资源服务机构等)的影响,(4)式进一步扩展为下式:

$$N_{1(t)} = \beta_{12} N_{2(t)} + \alpha_{zf} N_{1(t-1)} + \alpha_{fw} N_{1(t-1)}. \tag{8}$$

其中 α_{zf} 为政府对创新种群的激励系数,且 $\alpha_{zf} = j - s$, j 为政府各种鼓励创新的优惠政策,s 为税收等各种费用。α_{fw} 为各种服务机构对创新种群的影响。

科研种群内部也存在竞争或协同关系。因此

$$g_{2(t)} = \frac{dN_{2(t)}}{d_t} = \alpha_2 N_{2(t-1)} \left\{1 - \frac{N_{2(t-1)}}{K}\right\}. \tag{9}$$

$g_{2(t)}$ 表示第 t 期种群增长率,$N_{2(t)}$ 表示第 t 期种群个体数量。$\frac{N_{2(t)}}{K}$ 表示第 t 期种群占用的资源量,创新生态系统内某一种群中每个单位占用资源为 $\frac{1}{K}$ 。

3.2.3 综合考虑种群内部关系与环境影响

由(1)式可得:

$$\begin{aligned} N_{1(t)} &= (1 + g_{1(t)} + g'_{1(t)}) N_{1(t-1)} + \alpha_{zf} N_{1(t-1)} + \alpha_{fw} N_{1(t-1)} \\ &= \left\{1 + \alpha_1 N_{1(t-1)} (1 - \frac{N_{1(t-1)}}{K}) + \alpha_1 N_{1(t-1)} (1 - \frac{N_{1(t-1)}}{K} + \frac{\beta_{12} N_{2(t-1)}}{K})\right\} N_{1(t-1)} \\ &\quad + \alpha_{zf} N_{1(t-1)} + \alpha_{fw} N_{1(t-1)}. \end{aligned} \tag{10}$$

整理得:

$$N_{1(t)} = (1 + \alpha_{zf} + \alpha_{fw}) N_{1(t-1)} + 2\alpha_1 N^2_{1(t-1)} - \frac{2\alpha_1}{K} N^3_{1(t-1)} + \frac{\alpha_1 \beta_{12}}{K} N^2_{1(t-1)} N_{2(t-1)}. \tag{11}$$

令 $1 + \alpha_{zf} + \alpha_{fw} = \eta_1$,则:

$$N_{1(t)} = \eta_1 N_{1(t-1)} + 2\alpha_1 N^2_{1(t-1)} - \frac{2\alpha_1}{K} N^3_{1(t-1)} + \frac{\alpha_1 \beta_{12}}{K} N^2_{1(t-1)} N_{2(t-1)}. \tag{12}$$

因为:

$$N_{2(t)} = (1 + g_{2(t)}) N_{2(t-1)} = \left\{1 + \alpha_2 N_{2(t-1)} (1 - \frac{N_{2(t-1)}}{K})\right\} N_{2(t-1)}. \tag{13}$$

所以:

$$N_{2(t)} = N_{2(t-1)} + \alpha_2 N^2_{2(t-1)} - \frac{\alpha_2}{K} N^3_{2(t-1)}. \tag{14}$$

$$\begin{cases}\dfrac{\partial N_{1(t)}}{\partial N_{1(t-1)}}=\eta_1+4\alpha_1 N_{1(t-1)}-\dfrac{6\alpha_1}{K}N_{1(t-1)}^2+\dfrac{2\alpha_1\beta_{12}}{K}N_{1(t-1)}N_{2(t-1)}\\ \dfrac{\partial N_{2(t)}}{\partial N_{2(t-1)}}=1+2\alpha_2 N_{2(t-1)}-\dfrac{3\alpha_2}{K}N_{2(t-1)}^2\end{cases}. \tag{15}$$

$$\begin{cases}\dfrac{\partial^2 N_{1(t)}}{\partial N_{1(t-1)}^2}=4\alpha_1-\dfrac{12\alpha_1}{K}N_{1(t-1)}+\dfrac{2\alpha_1\beta_{12}}{K}N_{2(t-1)}\\ \dfrac{\partial^2 N_{2(t)}}{\partial N_{2(t-1)}^2}=2\alpha_2-\dfrac{6\alpha_2}{K}N_{2(t-1)}\end{cases}. \tag{16}$$

可得方程组：

$$\begin{cases}4\alpha_1-\dfrac{12\alpha_1}{K}N_{1(t-1)}+\dfrac{2\alpha_1\beta_{12}}{K}N_{2(t-1)}=0\\ 2\alpha_2-\dfrac{6\alpha_2}{K}N_{2(t-1)}=0\end{cases}. \tag{17}$$

解以上方程组可以得到唯一非负解，即均衡点为：$\left(\dfrac{K}{3}+\dfrac{K\beta_{12}}{18},\dfrac{K}{3}\right)$。该均衡点表示企业创新种群和科研机构种群所占有创新资源的均衡态。将该点数值除以创新种群各单位平均获得的创新资源量($1/K$)，则可以得到均衡态的创新种群规模值。

3.3　实证分析

以江苏省的数据为例，测算区域创新生态系统的种群数量均衡点。选取相关数据：(1) 创新企业种群规模(有科技活动的企业数，单位：个)、(2) 科研种群规模(科研机构数，单位：个)、(3) 科研经费(R&D 经费支出，单位：亿元)。测算得出数据：(4) 科研组织综合(4＝1＋2)、具体数据见表 4－5，表中数据取自江苏统计年鉴(2001—2018)，并进行相关测算。

表 4－5　资源约束模型实证分析数据

年份	(1) 有科技活动的企业数(个)	(2) 科研机构数(个)	(3) R&D 经费支出(亿元)	(4＝1＋2) 科研活动总数	(5) $1/K$ (万元)	(6) $K\beta_{12}/18+K/3$ (亿元)	(7) $K/3$ (亿元)	(8＝6/5) 企业创新种群规模均衡值	(9＝7/5) 科研机构规模均衡值
2017	19323	1266	2260	20589	1098	7699	753	17409	6863
2016	19186	1190	2027	20376	995	6905	676	17229	6792
2015	18872	1113	1801	19985	901	6135	600	16898	6662

续表 4-5

年份	(1) 有科技活动的企业数(个)	(2) 科研机构数(个)	(3) R&D经费支出(亿元)	(4=1+2)科研活动总数	(5) $1/K$(万元)	(6) $K\beta_{12}/18+K/3$(亿元)	(7) $K/3$(亿元)	(8=6/5)企业创新种群规模均衡值	(9=7/5)科研机构规模均衡值
2014	14150	998	1653	15148	1091	5631	551	12808	5049
2013	12283	944	1487	13227	1124	5066	496	11184	4409
2012	11133	909	1288	12042	1070	4388	429	10182	4014
2011	7712	795	1072	8507	1260	3652	357	7193	2836
2010	2257	714	858	2971	2888	2923	286	2512	990
2009	2159	713	717	2872	2497	2443	239	2428	957
2008	2508	693	797	3201	2490	2715	266	2707	1067
2007	2236	632	686	2868	2392	2337	229	2425	956
2006	1831	658	691	2489	2776	2354	230	2105	830
2005	1695	700	400	2395	1670	1363	133	2025	798
2004	1569	716	519	2285	2271	1768	173	1932	762
2003	1271	702	374	1973	1896	1274	125	1668	658
2002	1222	859	296	2081	1422	1008	99	1760	694
2001	977	744	245	1721	1426	836	82	1455	574
2000	968	816	208	1784	1166	709	69	1508	595

观察表 4-5 可见，2000 至 2010 年，企业创新种群规模的实际值低于均衡值，说明在这一阶段，创新资源比较充足且没有被充分利用。2011 至 2017 年，企业创新种群规模的实际值明显高于均衡值，且偏离程度越来越大。企业创新种群的增长遇到了创新资源的约束。

对于高校与科研机构种群规模，2000 至 2003 年，实际值高于均衡值。表明在这一时期的高校与科研机构数量高于均衡值，过多的科研机构占用了江苏创新生态系统中的资源，挤压了企业创新种群的发展空间。2004 至 2017 年，高校与科研机构创新种群规模的实际值低于均衡值，说明在这一阶段，创新资源比较充足且没有被充分利用。

3.4 产出导向的种群规模优化模型

3.4.1 目标规划法

目标规划法是目前比较成功的求解多目标规划问题的方法，它的基本思想是：对多目标规划问题的每一个目标函数确定一个希望达到的期望值（目标值或理想值），但由于各种条件的限制，这些目标值往往不可能全部达到。因而对每一个目标函数引入正的或负的偏差变量，分别表示超过或未达到目标值的情况。为了区别各目标的重要程度，引入目标的优先等级和加权系数；然后，对所有的目标函数建立约束方程，并加入原来的约束条件中，组成新的约束条件；从这组新的约束条件，寻找使组合偏差最小的方案。目标规划模型的建立比较简明易懂，模型及其假设比较符合实际。与其他方法相比，目标规划法在处理多目标问题时，具有更大的灵活性、有效性以及在使用和实施中的方便性。

3.4.2 多重选择目标规划（MCGP）

近年来，多重选择目标规划被广泛应用，解决了许多实际决策问题。Chang 等[①]综合 MCGP 与模糊数学方法，根据液晶显示器和亚克力板制造商的不同企业战略方向，在考虑多目标期望水平和模糊关系的基础上，辅助决策者选择了最佳的供货商。Lee 等[②]通过结合 MCGP、层次分析法（AHP）和质量功能展开（Quality Function Deployment，QFD），解决了产品设计中的工程技术选择问题。Chen 等[③]提出了三层 MCGP 方法来帮助森林管理人员获得了森林资源分配的适当解决方案。徐新胜等[④]针对产品定制过程中客户需求多样化问题，提出了基于多重选择目标规划的产品变型设计方案。Chang[⑤] 提出的多重选择目标规划（MCGP）方法

① Chang C T, Ku C Y, Ho H P. Fuzzy multi-choice goal programming for supplier selection[J]. International Journal of Operations Research and Information Systems, 2010, 1(3):28－52.

② Lee A H I, Kang H Y, Yang C Y, et al. An evaluation framework for product planning using FANP, QFD and multi-choice goal programming[J]. International Journal of Production Research, 2010, 48(13):3977－3997.

③ Chen Y T, Zheng C, Chang C T. 3-level MCGP: An efficient algorithm for MCGP in solving multi-forest management problems[J]. Scandinavian Journal of Forest Research, 2011, 26(5):457－465.

④ 徐新胜，陶西柱，祝天荣，等. 基于多重选择目标规划的产品变型设计[J]. 计算机集成制造系统，2013，19(1)：1－6.

⑤ Chang C T. Revised multi-choice goal programming[J]. Applied Mathematical Modelling, 2008, 32(12):2587－2595.

描述如下：

目标函数：$\text{Min}\sum_{i=1}^{n}(d_i^+ + d_i^-) + \sum_{i=1}^{n}(e_i^+ + e_i^-)$

约束条件：s. t. $w_i f_i(x) - d_i^+ + d_i^- = g_i, i=1,2,\cdots,n, x\in X=\{x_1,x_2,\cdots,x_m\}$

$g_i - e_i^+ + e_i^- = g_{i,\max}, i = 1,2,\cdots,n$

$g_{i,\max} \leqslant g_i \leqslant g_{i,\max}, i = 1,2,\cdots,n$

$d_i^+, d_i^-, e_i^+, e_i^- \geqslant 0, i = 1,2,\cdots,n$

$X \in F$，(F 为可行解集合)

这里，d_i^+，d_i^- 分别表示第 i 个目标的超过和未达到目标期望值的数值。$f_i(x)$ 是第 i 个目标的目标函数；x 为决策变量，表示 m 个待选方案（$x_1,x_2,\cdots,x_m$）。g_i 为第 i 个目标的期望水平；e_i^+ 和e_i^- 分别是贴近 $|g_i - g_{i,\max}|$ 的正负偏差变数；$g_{i,\min}$ 和$g_{i,\max}$ 分别是目标 g_i 的下限和上限。MCGP 是目标规划的线性形式，能够应用一些普通线性规划软件进行求解。因为，d_i^+，d_i^- 在最小化达成目标函数中，所以目标函数 $f_i(x)$ 能够无限接近目标g_i 的值。同理，e_i^+ 和e_i^- 也在最小化达成目标函数中，目标值 g_i 也能够无限接近目标上界 $g_{i,\max}$。

3.4.3 实证分析

本研究中以获得授权的专利数为创新产出的衡量指标。利用 LINGO11 软件测算的适宜于江苏区域创新生态系统的创新种群规模如表 4－6 所示。用 MCGP 目标解和资源约束模型解（均衡值）来构建种群适宜度区间（以两者中最大值为区间上限，以两者中最小值为区间下限）。

表 4－6 MCGP 模型解与规模适宜度区间

年份	MCGP 目标解		资源约束模型解（均衡值）		种群适宜度区间		实际值是否处于适宜区间	
	企业创新种群	科研机构数	企业创新种群	科研机构数	企业创新种群	科研机构数	企业创新种群	科研机构数
2017	16263	1237	17409	6863	(16263,17409)	(1237,6863)	否	是
2016	15913	1201	17229	6792	(15913,17229)	(1201,6792)	否	否
2015	16820	1185	16898	6662	(16820,16898)	(1185,6662)	否	否
2014	13166	1020	12808	5049	(12808,13166)	(1020,5049)	否	否
2013	15673	886	11184	4409	(11184,15673)	(886,4409)	是	是
2012	14206	959	10182	4014	(10182,14206)	(959,4014)	是	否

续表 4－6

年份	MCGP 目标解		资源约束模型解（均衡值）		种群适宜度区间		实际值是否处于适宜区间	
	企业创新种群	科研机构数	企业创新种群	科研机构数	企业创新种群	科研机构数	企业创新种群	科研机构数
2011	9841	855	7193	2836	(7193,9841)	(855,2836)	是	否
2010	2880	768	2512	990	(2512,2880)	(768,990)	否	否
2009	2755	744	2428	957	(2428,2755)	(744,957)	否	否
2008	1816	714	2707	1067	(1816,2707)	(714,1067)	是	否
2007	1619	680	2425	956	(1619,2425)	(680,956)	是	否
2006	1326	694	2105	830	(1326,2105)	(694,830)	是	否
2005	1227	681	2025	798	(1227,2025)	(681,798)	是	是
2004	1136	662	1932	762	(1136,1932)	(662,762)	是	是
2003	920	655	1668	658	(920,1668)	(655,658)	是	否
2002	885	794	1760	694	(885,1760)	(694,794)	是	否
2001	707	687	1455	574	(707,1455)	(574,687)	是	否
2000	701	754	1508	595	(701,1508)	(595,754)	是	否

表 4－6 数据显示，江苏省的企业创新种群多数时间处于种群适宜区间内，其规模是合适的。科研机构种群的规模在多数期间不属于种群适宜区间，江苏省的科研机构种群并不能很好地适应企业创新种群及整个创新生态系统的发展。

3.5　小结

在评价一个地区的创新种群规模适宜度时，仅仅从资源约束或产出最大化角度来分析是不全面的。将基于逻辑斯蒂回归的资源约束模型和多目标决策模型结合起来构建了一个兼顾投入和产出视角的分析路径。同时，用区间值来评价适宜度使种群规模适宜性评价更具可操作性。江苏省的实证分析结果表明：将资源约束模型和多目标决策模型结合起来，可以更好地评价一个区域的企业、科研机构等创新种群的规模适宜度。地方政府可以根据评价结果来适当修正相关创新政策，以推动创新种群更好地进行自组织进化。

在企业创新生态系统中，多个相关种群互相影响。企业创新种群内部也存在互相影响的行为。这种互相影响的行为，可以表现为协同，也可以表现为竞争。由于受到创新环境中资源总量的约束，种群之间或者种群内部的协同未必一定可以促进创新。模型中设置了资源总量变量，充分体现了资源约束机制。创新生态系统可以进行自组织进化，种群间和种群内部企业之间合作可以促成多种群共赢。但是，现实中的负面案例对创新生态系统的自组织进化提出了质疑。究其原因在于对创新生态系统的作用机制缺乏细致深入的分析。创新生态系统是一个复杂的系统，系统运作必然受到各个子系统之间的互动影响。模型中充分考虑了资源约束对不同创新种群的影响差异，进而影响生态系统演进的方向。

第 4 节　企业创新种群成长区域关联研究

4.1　企业创新种群成长动力区域关联模型构建思路

企业创新种群动力学的研究具有区域约束特征。生态学意义上的种群是指一定时空范围内的某一种生物体的集合。种群成长的区域是不同于周围背景的、相对均质的非线性区域。自然界各种等级系统都普遍存在时间和空间的约束。它反映了创新生态系统内部和系统间的相似性或相异性。不同生态区域的大小、形状、边界性质以及距离等空间分布特征构成了不同的生态带，形成了生态系统的差异，调节着种群成长过程。

企业创新种群动力学模型主要关注创新种群的数量变化，其变化规律基于生物种群数量的非线性增长规律。自然界中的很多物种是非线性增长的。创新种群的非线性增长现象也很常见。某一区域在特定时期的激励政策、创新资源作用下，创新企业数可能会出现快速变化。

种群内部的竞争和协同机制同样是重要的影响因素，这一设定是基于生物种群的种内竞争原理。自然界的生物种群内部存在竞争现象。种群数量越多，竞争越激烈。种群内部竞争具有调节种群规模的作用。在创新种群内部同样存在一定的竞争机制，这种竞争机制会在一定程度上抑制创新种群过分膨胀，因此种群内部竞争实际上也是创新种群实现优胜劣汰的过程之一，这一机制同样应成为创业种群成长模型的重要构成。相邻区域企业创新种群之间也存在竞争或者协同作用。

基于以上分析，本研究借助生物种群的成长动力学原理研究企业创新种群的发展特征，构建种群内部动力学模型和相邻区域种群间动力学模型。

4.2　模型设定

4.2.1　区域内部企业创新种群关系模型

根据相关假设，构建企业创新种群(种群 1)内部关系模型。根据 Logistic 模型可得：

$$g_{1(t)} = \frac{dN_{1(t)}}{d_t} = \alpha_1 N_{1(t-1)} \left\{1 - \frac{N_{1(t-1)}}{K}\right\}. \tag{1}$$

$g_{1(t)}$ 表示第 t 期种群增长率，$N_{1(t)}$ 表示第 t 期种群个体数量。$\frac{N_{1(t)}}{K}$ 表示第 t 期种群占用的资源量，创新生态系统内某一种群中每个单位占用资源为 $\frac{1}{K}$。

因为：$dN_{1(t)} \approx \Delta N_{1(t)} = N_{1(t)} - N_{1(t-1)}$，$d_t \approx \Delta t = t-(t-1) = 1$，

所以可设定：

$$\Delta N_{1(t)} = \alpha_1 N_{1(t-1)} + \beta_2 N^2_{1(t-1)}. \tag{2}$$

$\Delta N_{1(t)}$ 为 t 期种群中个体数量的变化量。通常 $\alpha_1 > 0$，表示种群内部的协同效应。$\beta_2 = \frac{-\alpha_1}{K}$，通常 $\beta_2 < 0$，表示种群的内部竞争效应，称为内部竞争系数或种群密度抑制系数。

$$N_{1(t)} = \Delta N_{1(t)} + N_{1(t-1)} = (\alpha_1 + 1) N_{1(t-1)} + \beta_2 N^2_{1(t-1)}. \tag{3}$$

令：$\beta_1 = \alpha_1 + 1$，(3)式变形为：

$$N_{1(t)} = \{\beta_1 + \beta_2 N_{1(t-1)}\} N_{1(t-1)}. \tag{4}$$

若 $\{\beta_1 + \beta_2 N_{1(t-1)}\} > 1$，则 $\Delta N_{1(t)} > 0$，种群内部以协同效应为主，创新生态系统内的资源可以支撑创新种群中个体数量的增加，增长得以维持；若 $\{\beta_1 + \beta_2 N_{1(t-1)}\} < 1$，则 $\Delta N_{1(t)} < 0$，种群内部以竞争效应为主，创新资源难以支撑创新种群中个体数量的增加，增长难以维持。

4.2.2 邻接区域对创新种群影响

考虑邻接区域企业创新种群(种群 2)对企业创新种群(种群 1)的影响,根据Logistic模型可得:

$$g_{1(t)} = \frac{dN_{1(t)}}{d_t} = \alpha_1 N_{2(t-1)} \left\{1 - \frac{N_{2(t-1)}}{K}\right\}. \tag{5}$$

$g_{1(t)}$ 表示第 t 期种群 1 的增长率,$N_{1(t)}$ 表示第 t 期种群 1 的个体数量,$\frac{N_{2(t)}}{K}$ 表示第 t 期种群占用的资源量,邻接区域创新生态系统内某一种群中每个单位占用资源为 $\frac{1}{K}$。

因为:$dN_{1(t)} \approx \Delta N_{1(t)} = N_{1(t)} - N_{1(t-1)}, d_t \approx \Delta t = t-(t-1) = 1$,

所以可设定:

$$\Delta N_{1(t)} = \alpha_1 N_{2(t-1)} + \beta_2 N_{2(t-1)}^2. \tag{6}$$

$\Delta N_{1(t)}$ 为 t 期种群中个体数量的变化量。通常 $\alpha_1 > 0$,表示种群 2 对种群 1 的协同效应。$\beta_2 = \frac{-\alpha_1}{K}$,通常 $\beta_2 < 0$,表示种群 2 对种群 1 的竞争效应,称为竞争系数或种群密度抑制系数。

$$N_{1(t)} = \Delta N_{1(t)} + N_{1(t-1)} = N_{1(t-1)} + \alpha_1 N_{2(t-1)} + \beta_2 N_{2(t-1)}^2. \tag{7}$$

令:$\beta_1 = \alpha_1 + \frac{N_{1(t-1)}}{N_{2(t-1)}}$,(7)式可变形为:

$$N_{1(t)} = \{\beta_1 + \beta_2 N_{2(t-1)}\} N_{2(t-1)}. \tag{8}$$

若 $\{\beta_1 + \beta_2 N_{1(t-1)}\} > \frac{N_{1(t-1)}}{N_{2(t-1)}}$,则 $\Delta N_{1(t)} > 0$,邻接种群的影响以协同效应为主,邻接区域创新生态系统内的资源可以支撑创新种群中个体数量的增加,增长得以维持;若 $\{\beta_1 + \beta_2 N_{1(t-1)}\} < \frac{N_{1(t-1)}}{N_{2(t-1)}}$,则 $\Delta N_{1(t)} < 0$,邻接种群的影响以竞争效应为主,创新资源难以支撑创新种群中个体数量的增加,增长难以维持。

4.2.3 创新种群对邻接区域创新种群的影响

同理可得:

$$N_{2(t)} = \{\beta_1 + \beta_2 N_{1(t-1)}\} N_{1(t-1)}. \tag{9}$$

4.3　计量模型

由式(4)、(8)和(9)构建回归模型(10)、(11)和(12)

$$N_{1(t)} = \beta_0 + \beta_1 N_{1(t-1)} + \beta_2 N_{1(t-1)}^2 + \varepsilon_{0(t)}. \tag{10}$$

$$N_{1(t)} = \beta_0 + \beta_1 N_{2(t-1)} + \beta_2 N_{2(t-1)}^2 + \varepsilon_{0(t)}. \tag{11}$$

$$N_{2(t)} = \beta_0 + \beta_1 N_{1(t-1)} + \beta_2 N_{1(t-1)}^2 + \varepsilon_{0(t)}. \tag{12}$$

根据回归模型运算出的结果进行判断。每一个模型可能会出现“不显著”“竞争大于协同”“协同大于竞争”三种结论。对应三个模型的结果,每一个区域的企业创新种群均有自身的种群关系向量。

令种群关系向量为:$\boldsymbol{R}(r_1, r_2, r_3)$。其中 r_1 为模型(10)的分析结果,r_2 为模型(11)的分析结果,r_3 为模型(12)的分析结果。

这个种群关系向量是一个三维行向量,共有 27 种组合方式。其中比较特别的有 $\boldsymbol{R}_1$(协同,协同,协同)、$\boldsymbol{R}_2$(竞争,竞争,竞争)、$\boldsymbol{R}_3$(不显著,不显著,不显著)三种情况。企业创新种群关系表现为 $\boldsymbol{R}_1$ 的区域是整个区域中的创新核心区域,不仅该区域内的企业关系表现为协同大于竞争,而且该区域对邻接区域以及邻接区域对该区域均表现为协同关系。创新核心区域是整体区域中促进协同创新的主导力量。企业创新种群关系表现为 $\boldsymbol{R}_2$ 的区域是整个区域中企业创新竞争最激烈的区域,该区域中的创新企业面临区域类和邻接区域的双重竞争压力。企业创新种群关系表现为 $\boldsymbol{R}_3$ 的区域是整个区域中的创新孤立区域,该区域内的创新企业内部种群关系、与邻接区域企业创新种群的生态学关系不显著。

4.4　实证分析

以江苏省所处的华东地区为例进行实证分析。以“有研发活动的企业数”表示企业创新种群规模。各省市数据均选自历年各地统计年鉴。计量模型(10)、(11)、(12)回归结果分别对应表 4－7、表 4－8、表 4－9。

表 4－7　区域企业创新种群内部关系

区域	β_1	β_2	种群内部关系
上海	不显著	不显著	
山东	0.779(2.076) *	不显著	竞争大于协同

续表 4-7

区域	β_1	β_2	种群内部关系
江苏	不显著	不显著	
安徽	1.294(2.546)**	不显著	协同大于竞争
江西	不显著	不显著	
浙江	3.378(3.924)***	−0.000(−3.352)***	协同大于竞争
福建	2.401(3.960)***	−0.000(−2.573)**	协同大于竞争

注：*、**、***分别表示在10%、5%、1%的水平上显著，括号内为 t 值。

表4-7数据说明浙江、福建、安徽的企业创新种群内部关系表现为协同大于竞争。山东企业创新种群内部关系表现为竞争大于协同。其他地区的创新种群内部动力学特征不显著。

表4-8　区域企业创新种群受邻接区域的影响

区域	邻接区域	β_1	β_2	种群间关系
上海	江苏、浙江	0.160(3.109)**	−0.000(−1.779)*	竞争
山东	江苏、安徽	不显著	不显著	
江苏	山东、安徽、浙江、上海	不显著	不显著	
安徽	山东、江苏、浙江、江西	不显著	0.000(1.868)*	
江西	安徽、浙江、福建	不显著	不显著	
浙江	安徽、江苏、上海、江西、福建	1.085(2.000)*	−0.000(−1.772)*	协同
福建	浙江、江西	不显著	不显著	

注：*、**、***分别表示在10%、5%、1%的水平上显著，括号内为 t 值。

表4-8数据说明邻接区域企业创新种群对浙江企业创新种群的影响表现为协同。邻接区域(江苏、浙江)企业创新种群对上海企业创新种群的影响表现为竞争关系。江苏、浙江两省经济发达，科技创新水平较高，企业创新能力较强。江苏、浙江两地的企业创新种群对上海的企业创新种群形成了明显的竞争关系。

表4-9　企业创新种群对邻接区域种群的影响

区域	邻接区域	β_1	β_2	种群间关系
上海	江苏、浙江	不显著	不显著	
山东	江苏、安徽	不显著	不显著	
江苏	山东、安徽、浙江、上海	不显著	不显著	

续表 4－5

区域	邻接区域	β_1	β_2	种群间关系
安徽	山东、江苏、浙江、江西	15.009(2.763)**	不显著	协同
江西	安徽、浙江、福建	不显著	不显著	
浙江	安徽、江苏、上海、江西、福建	不显著	不显著	
福建	浙江、江西	9.697(2.600)**	−0.001(−2.243)*	协同

注：*、**、*** 分别表示在 10%、5%、1%的水平上显著，括号内为 t 值。

表 4－9 数据说明福建、安徽的企业创新种群对邻接区域企业创新种群的影响主要表现为协同效应。华东地区各个省市的不同企业创新种群呈现出不同的发展态势。在区域内部，企业创新种群表现为竞争大于协同或协同大于竞争关系，某些区域内企业创新种群互动关系不显著。有些区域（例如浙江省）的企业创新种群不仅可以充分利用区域内的创新资源，实现企业协同创新，还可以充分利用邻接区域的创新资源。某些区域（例如安徽、福建）企业创新种群内部互动关系不显著，但是能够对邻接区域的企业创新种群形成协同关系。以上海为代表的区域，其中的企业创新种群主要面临着来自邻接区域的企业创新种群的竞争压力。

在理论上，存在这样的区域，区域内的企业创新种群可以充分利用本区域与邻接区域的创新资源，实现协同创新。同时，该区域的创新种群对邻接区域的企业创新种群的影响也表现为协同关系。这样的区域可以看作是大环境中的创新核心区域。创新核心区域的小环境良好，并且能够推动整个区域内企业创新种群的协同创新。政府主管部门可以通过建设创新核心区的方式推动整个区域的协同创新。华东地区的实证结果表明，浙江省比较接近创新核心区的要求。

第 5 节　推进江苏创新型省份建设的对策建议

基础科学、技术科学、工程技术和面向公共服务的科学研究四种类型的科研活动之间，并不是相互隔离的关系，而是相互融合、相互促进的关系。江苏省进一步推进创新型省份建设，应充分发挥自身科教资源和产业基础优势，通过重大基础科学研究支撑机制、产业技术创新机制、企业创新激励机制和科技创新惠民促进机制的协同运作，以对区域创新能力提升和产业升级具有重要意义的技术科学发展为主攻方向，同时推进基础科学、工程技术和面向公共服务的科学研究的发展，推动区域创新能力迈上新台阶。

加大基础研究支持力度，打造综合性科学中心。一是增加对基础研究的支持。加大政府财政对基础科学研究的投入力度，逐渐提升基础研究投入占 R&D 投入比例，根据基础科学研究的特点，完善基础科学研究评价机制，延长基础研究评价的考核周期，对部分优秀科研人员给予长期且稳定的经费支持，为科研人员提供潜心科研的宽松环境。二是推进世界一流大学和一流学科建设。江苏省高校众多，各具特色，应进一步强化高水平大学建设与发展，推动高校积极发展国家急需、具有重大的行业或区域影响、学科优势突出、具有不可替代性的学科，着力打造高峰学科。三是布局建设国家重大科技创新平台。围绕国家创新平台建设部署主动融入国家创新体系，瞄准我省优势领域和重大战略方向，采取地方为主、省级配套等方式，支持有条件的地方建设综合性科学中心，支持高校院所建设国家重大科技基础设施、国家实验室和科技创新中心。四是支持南京建设国家综合性科学中心。充分结合江苏省的竞争优势和发展目标，按照“错位发展、融合共赢”的思路，聚焦网络通信与安全、生命科学及新材料等优势领域，大力推进“紫金山实验室＋重大科技基础设施群”建设，高起点、大力度推进南京建设国家综合性科学中心，在全国创新大格局中占据更加重要的竞争地位。

大力推进产业技术创新，增强区域核心竞争力。一是系统部署重大产业科技项目。贯彻落实“中国制造 2025”和“江苏制造 2025”的布局，面向新一代信息技术、生物技术和新医药、新材料、高端装备制造、节能环保等十大战略新兴产业，部署一批重大产业科技项目，力争在国际产业技术前沿领域抢占制高点，提高江苏省技术科学研究的影响力。二是积极布局颠覆性技术领域。聚焦世界科技前沿、产业高端和未来发展，结合江苏产业基础和创新优势，依托产业重大工程和重大科技成果转化专项，选准发展方向，前瞻布局、重点突破可能引发产业重大变革的颠覆性技术。三是突破产业关键核心技术。充分发挥行业龙头企业主导作用，加强与高校、科研院所的战略合作，组织开展跨行业、跨领域、跨区域的产学研用协同创新，解决产业发展中的技术瓶颈，提高核心竞争力。支持骨干企业积极参与和主导国际标准、国家标准、行业标准的制定修订，及时将先进技术转化为标准，促进技术创新、标准研制与产业化协调发展。四是持续推动新型研发机构建设。发挥政府对新型研发机构的支持和引导作用，通过公私合作、政府购买服务等政策工具，引导和带动地方、大学、科研院所、企业和各类投资机构合作共建新型研发机构，突破制约产学研结合的体制机制瓶颈，加快提升创新体系整体效能。

完善企业创新激励机制，提升工程技术水平。一是鼓励企业增加研发投入。进一步突出企业创新主体地位，支持企业牵头实施技术、装备和标准的攻关，提升企业在创新决策、研发投入、科研组织和成果转化方面的自主权，加快构建企业为主体、市场为导向、产学研深度融合的工程技术创新体系。二是推动企业建立研发机构。大力推进大中型企业和规模以上高新技术企业研发机构建设，加大研发投入、集聚研发人才、完善研发条件，激发企业技术创新活力。三是支持企业开展技术改造。以"提质、增效"为目的，鼓励企业通过引入新技术、新业态、新模式实施技术改造，提升工程技术水平，增强产业核心竞争力，推进产业集约集聚发展，不断提高产业发展质量和效益，实现企业内涵式发展。

强化政府引导支撑作用，发展面向公众的科技创新。一是提高政府对面向公众科技创新的认识。加强政府对公共科技创新的引导作用，明确政府的职能定位，健全相关公共科技服务的体制机制，为推广面向公众的科技创新提供制度保障。二是增加公共科技创新投入。加大对医疗卫生、信息安全、交通运输等领域公共科技服务的财政投入力度，探索建立多渠道、多层次的多元化公共科技创新资金投入体系。三是提升公共科技创新水平。通过政策引导，整合公共科技资源，构建政府、市场、社会机构多元化供给机制，推动公共科技研发的网络化模式发展，加大面向公共民生的科技成果和服务的供给力度，增强人民群众的"获得感"。

大力推进科技体制改革，营造良好创新生态环境。一是深化科研项目管理改革。简化省级财政科研项目预算管理程序，改革科研经费使用和管理方式，根据基础科学研究、技术科学研究、工程技术研究、面向公共服务的科学研究的不同规律和特点，合理制定科研项目计划。二是完善人才引进机制。鼓励各类企业和高校、科研院所设立人才发展专项资金，加大对国内外高端人才的引进力度；拓展产业人才覆盖领域，重点将促进企业发展、带动产业转型的优秀人才纳入政策范围，为企业引进"高级蓝领"等工作在一线的专业技能人才提供指导和优惠政策，降低企业用才成本，全力推动高端专业人才队伍建设。三是搭建创新资源共享平台。推进江苏省技术产权交易市场建设，建立科研设施与仪器的统一管理平台，按照统一的标准和规范向社会提供创新创业服务，逐步实现各类科技数据、系统、资源的互联互通、共享共用，最大限度地发挥科技创新资源的使用价值。

第5章

南京市经济增长要素贡献的实证分析

第1节　模型构建与数据分析

1.1　经济增长模型构建

本章以南京市为样本,研究物质资本、人力资本、技术和能源等要素对经济增长的作用,构建包含多种投入要素的生产函数模型,定量分析要素对经济增长的产出弹性,利用系统动力学方法构建经济增长仿真系统。从要素投入对产出影响的视角进行政策模拟,寻找新常态下经济持续增长的路径。研究中构建了包含人力资本、物质资本、创新、能源要素的经济增长模型,估算了2004—2017年南京市的要素产出弹性。估算人力资本、能源等不同要素对经济增长的贡献率。

在经济核算模型中,比较常用的是柯布-道格拉斯生产函数(C-D生产函数),其中基本投入要素是劳动力(人力资本)和资本(物质资本)。研究中以人力资本要素替代劳动力要素。得到:

$$Y = AK^{\alpha}H^{\beta} \tag{1}$$

式(1)中 A 表示技术进步,K 表示物质资本,H 表示总量人力资本。α、β 为产出弹性。

$$Y = AK^{\alpha}H^{\beta}E^{\gamma} \tag{2}$$

式(2)中 E 为能源使用量,γ 为其产出弹性。经济"新常态"需要创新作为增长的"催化剂",因此需要考虑创新要素。研究中可以使用不同指标来描述创新要素,企业通过购买技术并用于生产,这体现了创新要素对生产的直接作用,因此在本研究中利用"技术成交额"来体现创新要素的投入。式(3)中 T 为技术成交额,θ 为其产出弹性。

$$Y = AK^{\alpha}H^{\beta}E^{\gamma}T^{\theta} \tag{3}$$

生产函数常用规模报酬不变和规模报酬可变的两种模型。考虑到近些年经济发展环境变化较快，而且规模报酬不变可以看成是规模报酬可变的一种特殊状态，因此本文研究中采用规模报酬可变的 C－D 生产函数。对式(1)、(2)、(3)两边取对数，进行回归分析可以估算出各要素的产出弹性系数。

1.2　投入与产出数据整理

本研究使用从业人员数量分类指标来说明不同产业的人力资本投入，以测算出来的区域固定资产存量为物质资本投入，将 GDP 作为产出指标。数据采集时间的范围选取 2004 年至 2017 年。相关原始数据来自《江苏统计年鉴》(2005—2018)、《南京统计年鉴》(2005—2018)。

表 5－1　南京市经济发展主要指标数据

年份	第一产业产值 $G1$（单位：亿元）	第二产业产值 $G2$（单位：亿元）	第三产业产值 $G3$（单位：亿元）	第一产业就业人数 $H1$（单位：万人）	第二产业就业人数 $H2$（单位：万人）	第三产业就业人数 $H3$（单位：万人）	技术成交额 T（单位：万元）	第一产业用电量 $E1$（单位：万千瓦时）	第二产业用电量 $E2$（单位：万千瓦时）	第三产业用电量 $E3$（单位：万千瓦时）	第一产业固定资产投资 $K1$（单位：亿元）	第二产业固定资产投资 $K2$（单位：亿元）	第三产业固定资产投资 $K3$（单位：亿元）
2004	75	1015	997	45	124	138	403802	15625	1516541	280799	6	482	715
2005	102	1214	1163	43	132	142	446566	14507	1772227	377701	5	586	812
2006	110	1377	1369	42	141	156	524833	14117	1906213	435703	7	738	869
2007	115	1629	1637	45	153	169	555902	14806	2104964	503645	11	937	920
2008	119	1798	1943	46	154	174	599162	15350	2109267	567103	12	1089	1053
2009	129	1961	2197	46	169	193	684017	16264	2274994	626941	12	1311	1344
2010	142	2363	2692	49	151	242	768873	16871	2461481	728152	21	1618	1666
2011	164	2807	3259	48	150	249	1202739	18313	2605097	844872	29	2041	1939
2012	185	3230	3892	49	151	252	1453775	18853	2699199	930843	24	2415	2245
2013	195	3527	4477	49	150	254	1356073	19536	2920266	1011428	24	2519	2723
2014	214	3696	5045	47	150	256	1801376	20441	2946677	1130462	35	2181	3244
2015	232	3983	5646	47	149	260	1983305	23820	3069749	1204713	37	2093	3354
2016	253	4191	6218	46	149	261	1970371	30133	3167669	1285568	41	1784	3709
2017	263	4455	6997	42	147	268	2191970	31438	3243525	1483254	23	1790	4403

物质资本(固定资产存量)的计算采用永续盘存法,某年资本存量等于上年资本存量减去折旧,加上该年新增加的资本。估算得出 2004 至 2017 年南京市固定资产存量的估计数据,折旧率取 10%。能源消耗量根据用电量来估算。

表 5-2　南京市经济指标平均增长率

第一产业产值 $G1$（单位：亿元）	第二产业产值 $G2$（单位：亿元）	第三产业产值 $G3$（单位：亿元）	第一产业就业人数 $H1$（单位：万人）	第二产业就业人数 $H2$（单位：万人）	第三产业就业人数 $H3$（单位：万人）	技术成交额 T（单位：万元）	第一产业用电量 $E1$（单位：万千瓦时）	第二产业用电量 $E2$（单位：万千瓦时）	第三产业用电量 $E3$（单位：万千瓦时）	第一产业固定资产投资 $K1$（单位：亿元）	第二产业固定资产投资 $K2$（单位：亿元）	第三产业固定资产投资 $K3$（单位：亿元）
10.4%	12.2%	16.2%	−0.4%	1.4%	5.5%	14.8%	5.8%	6.1%	13.8%	16.0%	11.7%	15.2%

观察表 5-2 可得,第三产业的产值平均增长率位居三次产业首位,第一产业的增长率最低,但也保持了年均 10%的增长水平。各种投入要素中,人力资源的投入增长幅度最低,第一产业的人力资源投入出现小幅负增长。物质资本投入的增幅最高。技术要素的增长幅度也比较高,接近年增幅 15%的水平。

1.3　模型估计结果与贡献率分析

总体增长与产出弹性测算结果见表 5-3。

表 5-3　南京市增长产出弹性及贡献率

模型(Adj. R^2)		H	K	E	T	技术进步:LnA
模型 1 (0.994)	要素弹性	1.527＊＊＊ (9.807)	0.921＊＊＊ (15.985)	—	—	−9.670＊＊＊ (−17.966)
	要素增幅	3.180%	8.910%	—	—	
	增长贡献	4.856%	8.206%	—	—	
	贡献份额	37.176%	62.824%	—	—	
模型 2 (0.998)	要素弹性	0.700＊＊＊ (3.847)	0.578＊ (7.867)	0.850＊＊＊ (5.154)	—	−14.059＊＊＊ (−15.601)
	要素增幅	3.180%	8.910%	7.780%	—	
	增长贡献	2.226%	5.150%	6.613%	—	
	贡献份额	15.913%	36.814%	47.273%	—	

续表 5-3

模型(Adj. R^2)		H	K	E	T	技术进步:ln$A$
模型 3 (0.998)	要素弹性	0.616＊＊＊ (3.455)	0.447＊＊＊ (4.135)	0.830＊＊＊ (5.364)	0.113＊ (1.563)	−13.530＊＊＊ (−14.913)
	要素增幅	3.180%	8.910%	7.780%	14.810%	
	增长贡献	1.959%	3.983%	6.457%	1.674%	
	贡献份额	13.919%	28.301%	45.885%	11.892%	

注:被解释变量为 lnGDP。＊、＊＊、＊＊＊分别表示在15%、5%、1%的水平上显著。括号内为t值。

不同要素对不同产业的作用是不同的,据此,有必要按三次产业进行产出要素弹性研究。按三次产业分别计算的要素产出弹性见表 5-4、表 5-5、表 5-6。

表 5-4 南京市第一产业增长产出弹性及贡献率

模型(Adj. R^2)		H	E	K	技术进步:ln$A$
模型 2 (0.948)	要素弹性	−0.961＊ (−1.426)	−0.791＊＊ (−2.012)	1.218＊＊＊ (5.424)	10.876＊＊ (2.176)
	要素增幅	−0.401%	5.809%	10.238%	
	增长贡献	0.385%	−4.595%	12.470%	
	贡献份额	4.665%	−55.629%	150.967%	

注:被解释变量为 lnG_1。＊、＊＊、＊＊＊分别表示在10%、5%、1%的水平上显著。括号内为t值。

表 5-5 南京市第二产业增长产出弹性及贡献率

模型(Adj. R^2)		H	E	K	技术进步:ln$A$
模型 3 (0.996)	要素弹性	0.113＊ (0.529)	1.210＊＊＊ (4.976)	0.493＊＊＊ (4.061)	−15.039＊＊＊ (−8.754)
	要素增幅	1.440%	6.108%	8.991%	
	增长贡献	0.163%	7.391%	4.433%	
	贡献份额	1.358%	61.661%	36.981%	

注:被解释变量为 lnG_2。＊、＊＊、＊＊＊分别表示在10%、5%、1%的水平上显著。括号内为t值。

传统的第一产业主要利用自然力进行生产,对技术进步、能源的要求不高。随着区域生产力的发展,第一产业的生产情况出现差异化。通过要素产出弹性的分析,可以看出不同区域第一产业生产的各自特点。观察表 5-4 发现:南京第一产业(按可比价格计算)实现10%以上的增长,对第一产业作用显著的要素是物质资本、技术进步。

表5-5数据说明:南京第二产业的增长主要依赖于能源(7.391%)、物质资本(4.433%)。

表5-6 南京市第三产业增长产出弹性及贡献率

模型(Adj. R^2)		H	E	K	技术进步:ln$A$
模型3 (0.996)	要素弹性	0.519*** (3.135)	0.687*** (5.727)	0.490*** (5.860)	−8.665*** (−25.275)
	要素增幅	5.467%	13.849%	8.903%	
	增长贡献	2.837%	9.514%	4.362%	
	贡献份额	16.976%	56.924%	26.101%	

注:被解释变量为lnG_3。*、**、***分别表示在10%、5%、1%的水平上显著。括号内为t值。

表5-6数据表明:南京第三产业增长依赖于能源(13.849%)、物质资本(8.903%)、人力资本(5.467%)的投入。

第2节 经济系统仿真

经济系统具有非线性、反直观的特点,系统动力学方法比较适合用来描述一个复杂的经济系统。根据前文的模型回归结果,构建南京经济增长系统的仿真系统流图(图5-1)。

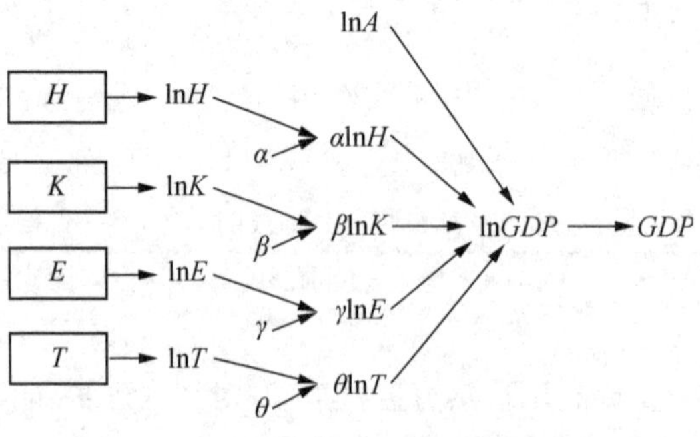

图5-1 南京经济增长系统的仿真系统流图

图 5-1 展示了南京地区经济增长的仿真系统。基于经济理论分析与数据回归结果的系统动力学模型更为简洁明了。将 2004 年相关数据的观测值作为初始变量值输入模型中，以 2004 年至 2017 年观测值的平均增长率作为模型中变量的增长率，将所得模拟数据与原始真实数据进行比对，平均误差为 8.911%，仿真模型可以比较好地再现经济增长系统。南京 GDP 总量指标模拟数据的趋势见图 5-2。

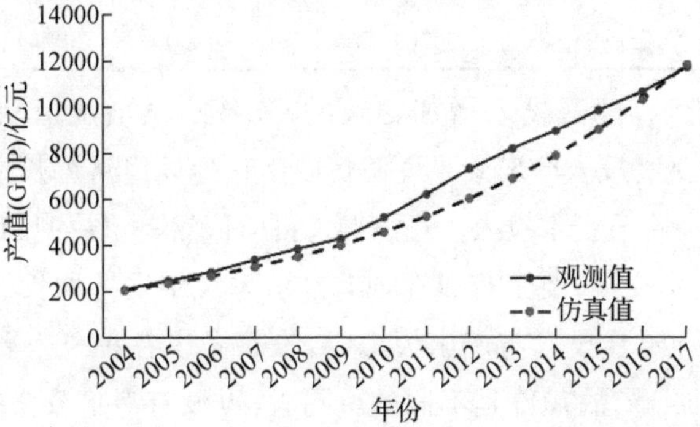

图 5-2　南京 GDP 总量指标模拟数据的趋势

数据模拟过程为：固定其他变量的值，增加某一种投入要素的增长速率，比较增加不同要素投入情况下南京 GDP 总量的变化情况。依次给予经济增长模型中所有相同要素每个周期较上一周期多 1%的增幅，模拟循环 10 个周期。

表 5-7　南京经济系统(GDP)仿真数据(单位：亿元)

年份	观测值	基本模型	追加要素投入后的仿真值			
			人力资本	物质资本	能源消耗	技术交易
2004	2087.10	2040.21	2040.21	2040.21	2040.21	2040.21
2005	2478.26	2335.63	2349.55	2345.19	2353.60	2337.92
2006	2855.81	2673.82	2705.78	2695.75	2715.13	2679.06
2007	3381.18	3060.98	3116.03	3098.73	3132.18	3069.99
2008	3859.57	3504.20	3588.47	3561.93	3613.31	3517.96
2009	4287.25	4011.60	4132.56	4094.39	4168.34	4031.30
2010	5198.20	4592.47	4759.14	4706.44	4808.62	4619.55
2011	6230.20	5257.43	5480.70	5409.96	5547.25	5293.62
2012	7306.54	6018.70	6311.68	6218.67	6399.33	6066.07
2013	8199.49	6890.19	7268.65	7148.25	7382.31	6951.23

续表 5－7

年份	观测值	基本模型	追加要素投入后的仿真值			
			人力资本	物质资本	能源消耗	技术交易
2014	8956.05	7887.87	8370.72	8216.81	8516.29	7965.54
2015	9861.56	9030.01	9639.88	9445.08	9824.42	9127.87
2016	10662.28	10337.50	11101.50	10857.00	11333.50	10459.80
2017	11715.10	11834.40	12784.70	12479.00	13074.40	11986.10

如表 5－7 所示，要素投入增加导致的 GDP 总量增加值从大到小排序为：$E>H>K>T$。要素投入产出效果说明目前南京地区经济增长主要依靠能源、劳动力(人力资本)和物质资本投入。经济增长目前依然是粗放型的。体现科技与创新能力的创新(技术交易)要素难以在现有经济系统中发挥增长的主导因素作用。利用仿真模型进行要素投入与产出模拟时，没有考虑各种投入要素的投入成本。不同投入要素增加 1%的代价是不同的。同时，也没有考虑要素增加投入的可行性。例如能源危机时，有资金也未必可以得到充足的能源。因此本研究中的经济模型的外部边界是相对稳定的，没有进行过多周期的模拟。

第6章

区域创新生态系统的绩效与评价

第1节　创新生态系统的概念模型重构

1.1　创新生态系统的概念

创新生态系统研究逐渐深入，但是对创新生态系统的概念界定并没有形成广泛的共识。国内学者对创新生态系统进行研究时，部分研究没有明确给出概念或者定义，只是借用创新生态系统这一概念或者对其内涵加以描述。

在研究中给出明确概念的主要分为以下两类：一类是通过生物学（生态学）隐喻来表达核心理念：创新生态系统是指一定区域内各种创新种群之间、创新种群与创新环境之间，通过物质流、信息流、能量流、人才流的联结传导，形成动态演进、共生竞合的开放、非线性、多层次的复杂系统。创新生态系统组成的基本要素是物种，如企业、科研机构、辅助机构、政府等。另一类从企业或产业创新（生态）系统、商业生态系统、国家或区域创新（生态）系统等单一视角或多重视角导出创新生态系统的内涵。

可见，类似研究之间存在一些分歧，同时也缺乏对创新生态系统的运行机理和治理路径的研究。创新生态系统没有形成独立、完整的理论架构。对于这样的一类概念模糊、边界不明的问题适合用一种规范的定性分析方法进行研究。考虑中国社会的实际情况，对创新生态系统的概念进行梳理并厘清其运行机理是本研究的主要研究目的。

1.2 研究方法

扎根理论(grounded theory)自提出以来[①],学者们对该方法的实际操作步骤与要求均作了一些修改。中国学者们也有大量严谨的扎根理论研究实践,并且对该方法在中国独特学术环境中的运用提出了具有比较高学术价值的见解。本研究根据目前扎根理论方法的研究[②]及其在相关领域的运用[③,④],归纳出扎根理论的一般研究路径。扎根理论研究主要由三个步骤构成。首先是数据收集。这里的数据指的是广义数据,包括学术研究文献、案例、政府的法规与政策文件等二手资料,也包括通过深度访谈、问卷调查等实地研究获得的一手资料。其次是数据分析。数据分析环节包括开放性译码(编码)、主轴(轴心)译码(编码)、选择性译码(编码)。开放性译码必须抛弃任何前设,把资料分解、检查、对比、概念化、类属化。主轴译码是在开放性译码的基础上形成类属,并检验各类属之间的关系。本阶段的译码范式模型可以根据发展顺序来联结。译码范式模型的发展顺序为:因果—现象—情境—中介条件—行动策略—结果。选择性译码是在类属中区分核心类属与支援类属。最后是理论构建,通过整合图和故事线将各种理论要素整合起来。

1.3 开放性译码

本研究对访谈资料、案例资料、学术研究资料等提供的数据进行开放性译码。对各种文献资料进行反复、仔细的阅读,进行概念化和抽象化。通过不断地比较来提炼概念,并进行范畴的划分。初始阶段的译码较宽,然后逐步缩小,直至号码饱和。围绕“创新生态系统及其治理”这一主题对数据进行开放性译码。按照逻辑关系对开放性译码进行级别设置。共获得一级译码 608 个,二级译码 280 个,在此基础之上提炼出 76 个概念。将概念归入各自所属现象,形成 16 个范畴,具体内容如表 6-1 所示。

---

① Glaser B, Strauss A. The Discovery of Grounded Theory: Strategies for Qualitative Research[M]. Chicago: Aldine Publishing Company,1967.

② 陈向明.扎根理论在中国教育研究中的运用探索[J].北京大学教育评论,2015,13(1):2-15.

③ 蔡瑞林,陈万明,陈圻.低成本创新驱动制造业高端化的路径研究[J].科学学研究,2014,32(3):384-391.

④ 张新香.商业模式创新驱动技术创新的实现机理研究——基于软件业的多案例扎根分析[J].科学学研究,2015,33(4):616-626.

表 6-1　开放性译码

概念化	范畴化
a_1 经济体制改革、a_2 创新政策、a_3 创业政策、a_4 税收政策、a_5 人才政策、a_6 供给侧改革	A_1 政策
a_7 法规、a_8 知识产权保护、a_9 工商管理	A_2 法律法规
a_{10} 产值、a_{11} 就业、a_{12} 财政收入、a_{13} 企业利润、a_{14} 经济新常态	A_3 经济基础
a_{15} 居民消费、a_{16} 私营企业、a_{17} 国有企业、a_{18} 财政支出、a_{19} 进口、a_{20} 出口、a_{21} 技术市场	A_4 市场
a_{22} 信用评级制度、a_{23} 金融支撑系统	A_5 投资与融资
a_{24} 客户、a_{25} 供应商、a_{26} 竞争者、a_{27} 潜在竞争者、a_{28} 雇员、a_{29} 互补商、a_{30} 相邻社区	A_6 利益相关者
a_{31} 交通(网络)、a_{32} 通信与信息化、a_{33} 住房、a_{34} 医院、a_{35} 学校、a_{36} 创新基础设施	A_7 基础设施
a_{37} 人才资本、a_{38} 企业家、a_{39} 高校与科研院所、a_{40} 专利与发明、a_{41} 研究论文	A_8 智力资本
a_{42} 科技企业、a_{43} 领军企业	A_9 焦点企业
a_{44} 律师事务所、a_{45} 会计师事务所、a_{46} 人力资源服务公司、a_{47} 技术服务公司	A_{10} 服务系统
a_{48} 习俗、a_{49} 惯例、a_{50} 风土人情、a_{51} 宗教、a_{52} 价值观	A_{11} 社会文化
a_{53} 办事程序、a_{54} 游戏规则	A_{12} 社会规范
a_{55} 网络节点、a_{56} 节点间关系、a_{57} 网络整体形态、a_{58} 过程目标、a_{59} 结果目标、a_{60} 合同、a_{61} 信任、a_{62} 社会准则	A_{13} 创新生态治理
a_{63} 决策、a_{64} 计划、a_{65} 组织、a_{66} 领导、a_{67} 控制	A_{14} 组织管理创新
a_{68} 营销与品牌、a_{69} 人力资源、a_{70} 财务管理、a_{71} 生产运作、a_{72} 物流与供应链、a_{73} 质量管理、a_{74} 组织文化	A_{15} 组织业务创新
a_{75} 治理结构、a_{76} 资本结构	A_{16} 管理制度创新

通过对表 6-1 开放性译码的分析，可以发现创新生态系统涉及创新组织与个人所处的政治、经济、法律、市场、投融资、利益相关者、社会文化等诸多环境因素之中。创新生态系统的复杂性可见一斑。孤立的概念与范畴依然不足以对创新生态系统进行清晰的解释。

1.4　主轴译码

各个范畴之间是相对独立的，需要通过主轴译码技术对范畴之间的关系进行深入的解析。范畴有主副之分，因果关系、现象、情境、中介条件、行动策略与结果构成了典范模型的分析框架。典范模型可以更好地说明主范畴与副范畴的关系。主轴译码的结果如表 6-2 所示。

表 6－2　主范畴与典范模型

核心类属	政治与法律	经济	技术	社会文化	创新生态管理
因果关系	$a_1—a_9$	$a_{10}—a_{30}$	$a_{31}—a_{47}$	$a_{48}—a_{54}$	$a_{55}—a_{76}$
现象	政策驱动	市场驱动	技术驱动	文化驱动	管理驱动
情境	法律法规	经济	智力资本、焦点企业	社会文化	创新生态
中介条件	政策	市场、投融资、利益相关者	基础设施、服务系统	社会规范	治理目标、治理机制
行动策略	法律容许范围内，利用有利政策	一定经济系统内，借助投融资系统，处理好相关者关系，获得市场份额与利润	创新主体在创新基础设施与服务系统帮助下实现技术创新	营造鼓励创新的社会氛围	管理提升创新效率。组织通过内部管理创新实现与外部创新系统匹配
结果	提高创新法制保障能力	提高创新主体盈利与生存能力	提高科技创新能力	提供创新的精神动力	提高组织创新能力

通过对表 6－2 主范畴与典范模型的分析，可以发现创新生态系统的治理路径主要有政治与法律环境治理、经济环境治理、技术环境治理、社会文化环境治理、创新生态管理环境治理 5 个主要范畴。

第一个主范畴是政治与法律，由法制环境、政策环境构成。这说明，创新离不开法制环境的支撑与保护，创新也离不开相关政策的激励和推动。知识产权保护与市场行为规范对创新企业与创新活动尤其重要。法制环境治理是创新生态治理的基础保障。体制改革、供给侧改革、创新创业政策、税收政策、人才政策为创新提供了具体的政策支持点。宏观的法制系统通过具体的政策措施直接作用于创新创业活动。中国国情背景下的政治与法律环境是中国创新生态系统的一个显著特点。

第二个主要范畴是经济，由经济基础环境、市场环境、投融资环境、利益相关者环境构成。市场经济体制下的创新活动必须有一定的利润和资金投入作为支撑。宏观经济环境决定了市场环境、投融资环境、市场中利益相关者的关系。提高创新主体的盈利与生存能力，有利于实现可持续创新。

第三个主要范畴是技术，由智力资本、焦点企业、基础设施、服务系统构成。这表明，创新者、创新企业与组织（创新智力资本与创新焦点企业）只有在创新基础设施与服务系统帮助下才能更好地实现技术创新。技术创新活动不是孤军奋战，创新要充分利用创新资源网络实现协同创新。

第四个主要范畴是社会文化，由社会文化氛围与社会行为规范构成。我们所处的社会文化环境通过习俗、惯例、风土人情、宗教、价值观等因素影响创新活动。鼓励创新、勇于冒险的社会文化氛围激励创新者勇敢前行。因循守旧的氛围和令人处处碰壁的社会行为规范阻碍创新者的开拓性工作。

第五个主要范畴创新生态管理，由创新生态管理（宏观、中观）、企业与组织管理创新、业务创新、管理制度创新构成。创新生态系统管理活动主要分为宏观（国家创新系统）管理、中观（区域创新系统）管理、微观（企业与组织创新系统）管理三个层次。国家创新生态系统的战略规划与实施引领区域创新生态系统的构建。区域创新生态系统的构建改变了区域创新生态，营造了新的创新环境，同时给予创新组织进行组织创新与变革的压力。创新者与创新组织将外部压力转变为动力，积极进行组织与管理变革，主动适应新环境。管理创新、业务创新、制度创新等活动的开展也说明创新生态系统不仅局限于技术创新。

这5个主要范畴（子系统）可以分为硬件与软件两大类子系统。经济、技术是创新生态系统的硬件子系统。政治与法律、社会文化、创新生态管理是软件子系统。

1.5　选择性译码

本阶段的主要工作是在对范畴及其关系进行分析的基础上，构建相关扎根理论模型，描述故事线索。中国情境下的创新生态系统及其治理路径可以用以下故事线来加以描述。

创新主体（创新者与创新组织）生存于一定的创新生态系统之中。这个系统由两个硬件子系统和三个软件子系统构成。硬件子系统保障生态系统中的物质流动与传递，软件子系统保障生态系统中的信息流动与传递。子系统之间互相协同联结，构成了一个非线性的创新活动支撑环境。软件子系统既有对硬件子系统的反馈与适应，也有对硬件子系统的协调与引领。每个子系统之间存在着互动关系。子系统之间的良好互动促成创新生态系统的自适应协同演进。

良好的创新生态系统环境可以推动创新活动的开展，增加创新产出。健康度水平较低的创新生态系统，需要相应的措施加以治理。

生存于一定经济系统中的创新者与创新组织，在创新基础设施与服务系统的帮助下实现创新活动。通过管理提升创新系统运转的有效性。企业组织通过内部管理创新实现与外界创新系统的匹配。政治与法律环境、经济与市场环境共同决定了创新活动的边界。社会文化提供创新的精神动力。宏观与中观视角下的创新生态环境构建与治理活动要通过企业微观层面的管理创新、业务创新、制度创新来实现。

创新生态系统有其自身的边界，但是系统与外界环境之间存在着物质、信息、能量、人才的交换，系统具有开放性的特征。创新生态系统的产出是各种创新产品与服务，这些创新产出又对经济基础、法律制度、创新生态管理、社会文化等主范畴产生影响。系统中变量间的交互影响最终形成多条闭合的反馈回路。

可能的创新生态系统优化路径有单一路径和复合路径两类，单一路径有以下几条。路径 1：经济子系统的发展，促进市场环境与投融资环境的改良，促成创新生态系统边界的拓展。路径 2：政治与经济体制改革，通过新法律法规与政策的出台，促成创新生态系统边界的拓展。路径 3：社会文化建设引领社会规范优化，为创新提供精神动力。路径 4：通过不同层次创新科技园区、孵化器等创新网络节点的建设，优化创新网络，并且促进企业等创新组织的管理变革与制度创新，提升创新效率。路径 5：直接将资源投入到智力资本开发、焦点企业扶持、创新基础设施与服务系统建设上，提升科技创新能力。这也是目前比较常见的做法。复合路径是以上 5 条单一路径中的两条或多条路径的组合。

1.6 理论饱和度检验

进行理论饱和度检验是保证扎根研究信度的重要环节。本研究从两个方面进行理论饱和度检验。第一，进行文献研究，查阅本研究领域有影响力的专著、重要学术期刊、著名企业创新案例等。对以上文献资料进行数据的定性筛选，发现提炼的概念均已存在于前文研究的 16 个范畴之中。第二，对相关领域学者、科研人员、企业管理者进行补充性的访谈，发现的概念也同样包含在前文研究的范畴之中。

1.7 结论与启示

创新生态系统由 5 个主要子系统（主要范畴）构成。这 5 个主要子系统构成创新生态的硬件环境与软件环境。经济、技术是创新生态系统的硬件。政治与法律、社会文化、创新生态管理是软件。硬件子系统保障生态系统中的物质流动与传递，软件子系统保障生态系统中的信息流动与传递。创新生态系统的作用机理是子系统之间的网络化协同。子系统之间互相协同联结，构成了一个非线性的创新活动支撑环境。软件子系统既有对硬件子系统的反馈与适应，也有对硬件子系统的协调与引领。创新生态系统具备自适应协同演进功能。创新生态系统治理的可能路径是生存于一定经济系统中的创新者与创新组织，在创新基础设施与服务系统的帮助下实现创新活动。通过管理提升创新系统运转的有效性。企业组织通过内部管理创新实现与外界创新系统的匹配。政治与法律环境、经济与市场环境共同决定了创新活动的边界。社会文化环境提高创新的精神动力。宏观与中观视角下的创新生态环境构建与治理活动要通过企业微观层面的管理创新、业务创新、制度创新来实现。

营造良好的创新生态环境，有以下一些具体措施。深化经济改革，促进经济增长，良好的经济形势与市场环境是创新活动生存的土壤。积极推动创新领域的立法与政策制定，拓宽创新的边界。保护创新者的合法权益，打击阻碍创新的违法行为。营造良好的社会氛围，让创新者充满自豪感，满足其追求自我实现的精神需要。加大科研基础设施建设的投入，重点建设科研创新网络的关键节点或区域。充分进行人力资源开发，完善智力资本建设体系，为创新活动提供智力保证。创新组织主动适应外界环境的变化，进行治理与管理模式改革。

第 2 节　区域创新生态系统评价

2.1　评价指标体系构建

根据前文的创新生态系统的概念模型，借鉴《中国创新城市评价报告》中的创新评价指标，构建本研究的区域创新生态系统评价指标体系。

表 6－3　区域创新生态系统评价指标体系

一级指标	二级指标	三级指标		对应概念模型中的范畴
投入指标Ii	人才	I1	万人研究与发展(R&D)人员数	A_8智力资本
	经济发展水平	I2	人均 GDP	A_3经济基础
	研发经费投入	I3	R&D 经费支出与 GDP 比值	A_3经济基础
	企业与研究机构协同	I4	高校与科研机构研发(R&D)经费中企业投入比重	A_3 经济基础 A_4市场
	基础研究的投入	I5	基础研究支出占 R&D 经费支出比重	A_3经济基础
	政府经费支持	I6	地方财政支出占地方财政支出比重	A_3经济基础
产出指标Oj	企业创新活动	O1	企业 R&D 经费支出占主营业务收入比重	A_9焦点企业
		O2	有 R&D 活动的企业占比	A_9焦点企业
		O3	企业 R&D 研究人员占企业就业人员比重	A_9焦点企业
	产业创新水平	O4	高技术产业就业人员占全社会就业人员比重	A_9焦点企业
		O5	技术密集型服务业就业人员占全社会就业人员比重	A_9焦点企业
		O6	高技术产品出口额占商品出口额比重	A_4 市场
		O7	新产品销售收入占主营业务收入比重	A_4 市场
		O8	高新技术产业开发区技术性收入占总收入比重	A_4 市场
	区域创新产出	O9	万人发明专利拥有量	A_8智力资本
		O10	万人美国专利拥有量	A_8智力资本
		O11	万人输出技术成交额	A_3经济基础
		O12	万元生产总值技术国际收入	A_3经济基础
		O13	万人有效商标注册数	A_8智力资本
	创新活动效率	O14	高技术产业劳动生产率	A_{14}组织管理创新
		O15	知识密集型服务业劳动生产率	A_{14}组织管理创新
		O16	劳动生产率	A_{14}组织管理创新
		O17	资本生产率	A_{16}管理制度创新
		O18	综合能耗产出率	A_8智力资本 A_{14} 组织管理创新

表 6－3 所示的指标体系从企业创新活动、产业创新水平、区域创新产出和创新活动效率(可持续性)四个方面展开,充分体现了创新生态系统的层次性、系统性和可持续性特征。一流的创新生态系统在以上四个方面均应处于领先水平。

1.2　实证分析结果

研究样本选择《2017—2018 中国创新城市评价报告》中的 20 座创新型城市。数据来自《中国统计年鉴》《中国城市年鉴》《中国科技年鉴》以及《2017—2018 中国创新城市评价报告》。数据包络分析的运算结果如表 6－4、表 6－5、表 6－6、表 6－7、

表6-8所示。

表6-4 创新生态评价总体情况

DMU	θ_1	θ_2	θ_3	θ_4	$\theta_1\theta_2\theta_3\theta_4$
北京	0.924	1.000	1.000	0.979	0.905
天津	1.000	1.000	0.615	1.000	0.615
沈阳	0.441	0.984	0.596	1.000	0.259
大连	0.924	1.000	0.544	1.000	0.503
长春	0.728	1.000	0.602	1.000	0.438
哈尔滨	1.000	0.834	0.647	1.000	0.540
上海	1.000	1.000	1.000	1.000	1.000
南京	0.995	0.879	0.644	0.840	0.473
苏州	0.724	1.000	0.642	1.000	0.465
杭州	0.894	1.000	0.985	0.917	0.808
宁波	1.000	1.000	0.939	1.000	0.939
厦门	1.000	1.000	1.000	0.957	0.957
济南	1.000	0.973	0.741	1.000	0.721
青岛	0.930	0.683	0.572	1.000	0.363
武汉	1.000	0.916	0.563	1.000	0.516
广州	1.000	1.000	1.000	1.000	1.000
深圳	1.000	1.000	1.000	1.000	1.000
重庆	1.000	1.000	0.736	1.000	0.736
成都	0.950	1.000	1.000	1.000	0.950
西安	1.000	1.000	1.000	1.000	1.000

本研究认为只有4个DEA模型运算结果均处于DEA有效的城市(决策单元)才能视为国内具有一流创新生态系统的城市。观察表6-4数据可以发现,目前国内创新生态系统处于一流水准的是上海、广州、深圳和西安。其他城市的区域创新生态系统均不属于国内一流水平。以南京市为例,南京市4个DEA模型的分析结果均不是DEA有效状态,说明南京市创新生态系统建设发展的道路任重道远。本研究将以南京市为例说明分析结果。

表 6-5 企业创新活动评价

DMU	θ	产出指标(松弛变量)			投入指标(松弛变量)					
		企业 R&D 经费支出占主营业务收入比重	有 R&D 活动的企业占比	企业 R&D 研究人员占企业就业人员比重	万人研究与发展(R&D)人员数	人均 GDP	R&D 经费支出与 GDP 比值	高校与科研机构研发(R&D)经费中企业投入比重	基础研究支出占 R&D 经费支出比重	地方财政科技支出占地方财政支出比重
北京	0.924	0.295		0.989	16.157	1.425			6.024	4.031
天津	1.000									
沈阳	0.441		2.826	0.160		3.297			1.182	1.395
大连	0.924			0.295		5.374			18.254	2.646
长春	0.728	0.260			19.173	2.429		0.747	6.695	
哈尔滨	1.000									
上海	1.000									
南京	0.995	0.250			26.585	0.547			6.000	1.612
苏州	0.724				11.655	3.178			0.564	1.502
杭州	0.894			0.261	20.049					1.523
宁波	1.000									
厦门	1.000									
济南	1.000									
青岛	0.930			0.335		2.310	0.584			0.418
武汉	1.000									
广州	1.000									
深圳	1.000									
重庆	1.000									
成都	0.950			0.234		1.335	0.210		10.745	0.252

表 6-5 数据显示：南京市相较其他创新城市而言，在“企业 R&D 经费支出占主营业务收入比重”这一指标上出现产出不足型的松弛变量。同时，南京市在“万人研究与发展(R&D)人员数”“人均 GDP”“基础研究支出占 R&D 经费支出比重”“地方财政科技支出占地方财政支出比重”指标上出现投入冗余型松弛变量。

这表明，南京区域内的企业在研发方面的投入不足。企业层面的创新活动与南京市的经济发展水平、研发人才储备是不相称的。南京市地方财政科技支出较多，但是没有充分起到推动企业创新的作用。大量的研究经费投到基础研究上，基础研究成果向市场应用的转化不足。

表 6－6　产业创新水平评价

DMU	θ	产出指标(松弛变量)					投入指标(松弛变量)					
		高技术产业就业人员占全社会就业人员比重	技术密集型服务业就业人员占全社会就业人员比重	高技术产品出口额占商品出口额比重	新产品销售收入占主营业务收入比重	高新技术产业开发区技术性收入占总收入比重	万人研究与发展(R&D)人员数	人均GDP	R&D经费支出与GDP比值	高校与科研机构研发(R&D)经费中企业投入比重	基础研究支出占R&D经费支出比重	地方财政科技支出占地方财政支出比重
北京	1.000											
天津	1.000											
沈阳	0.984			15.622	7.537			2.467				0.556
大连	1.000											
长春	1.000											
哈尔滨	0.834			35.438		0.979		1.690	0.127	2.430	4.983	
上海	1.000											
南京	0.879			0.665	3.146	9.109	15.196			1.780	2.478	0.506
苏州	1.000											
杭州	1.000											
宁波	1.000											
厦门	1.000											
济南	0.973	0.104		42.783	0.316		34.665	3.530		0.628	2.413	
青岛	0.683	2.488	1.470	47.180		14.729		2.143	0.448			
武汉	0.916	0.214	2.452	4.110			2.353				10.228	0.884
广州	1.000											
深圳	1.000											
重庆	1.000											
成都	1.000											
西安	1.000											

观察表 6－6 数据，从产业创新发展的角度来看，南京市在“高技术产品出口额占商品出口额比重”“新产品销售收入占主营业务收入比重”“高新技术产业开发区技术性收入占总收入比重”等指标上出现产出不足型松弛变量；在“万人研究与发展(R&D)人员数”“高校与科研机构研发(R&D)经费中企业投入比重”“基础研究支出占 R&D 经费支出比重”“地方财政支出占地方财政支出比重”等指标上出现投入冗余型松弛变量。

南京市创新产业发展遇到了与创新型企业发展类似的问题，南京市创新产业的盈利能力不足。同时，研发人才、基础研究、地方财政均出现投入冗余现象。南京市在创新上投入了大量的人财物等资源，但是产出却不足，资源投放到了不能产生足够效益的地方。

表 6-7　区域创新产出水平评价

DMU	θ	产出指标					投入指标					
		万人发明专利拥有量	万人美国专利拥有量	万人输出技术成交额	万元生产总值技术国际收入	万人有效商标注册数	万人研究与发展(R&D)人员数	人均GDP	R&D经费支出与GDP比值	高校与科研机构研发(R&D)经费中企业投入比重	基础研究支出占R&D经费支出比重	地方财政科技支出占地方财政支出比重
北京	1.000											
天津	0.615	17.462	1.775		8.577	52.659		3.708	0.129	3.295		0.770
沈阳	0.596		0.323	0.100	8.481			3.813	0.090	3.811	2.438	0.562
大连	0.544		0.745				3.970	5.290		6.504	18.023	1.914
长春	0.602		0.499		3.920		13.879	3.445	0.670	2.941	12.863	
哈尔滨	0.647		0.625		6.259			1.803	0.859	5.512	7.888	
上海	1.000											
南京	0.644		2.155		11.772	23.204	8.566	1.915		2.542	7.762	1.653
苏州	0.642	9.747	2.227		6.644		23.450	4.111		8.697		2.780
杭州	0.985		1.072	0.231	10.492		10.026				1.385	1.792
宁波	0.939	24.227	1.807	0.066	17.821		12.070	0.728		11.486		1.741
厦门	1.000											
济南	0.741		1.042		5.993		12.541	3.215	0.357	8.145	5.636	
青岛	0.572		0.679	0.005	4.119			2.466	1.341	10.928		0.259
武汉	0.563		0.673		17.523		4.223	2.902		1.033	13.806	1.685
广州	1.000											
深圳	1.000											
重庆	0.736		0.086	0.009	1.381			1.320	0.809	15.339	0.859	0.085
成都	1.000											
西安	1.000											

观察表 6-7 可以发现，南京市在“万人美国专利拥有量”“万元生产总值技术国际收入”“万人有效商标注册数”等指标上出现产出不足，在“万人研究与发展(R&D)人员数”“高校与科研机构研发(R&D)经费中企业投入比重”“基础研究支出占R&D经费支出比重”“地方财政科技支出占地方财政支出比重”等指标出现投入冗余现象。

对比其他先进的创新型城市而言，南京市创新活动的外向型不足，缺乏走出去的成果，在研发专利和产品收益两个方面都有待提高。同时，南京市的自主品牌（商标拥有量）也略显薄弱，这说明初创企业的发展滞后，区域创新与创业的良性协同不足。

表 6－8 区域创新效率(可持续性)评价

		产出指标					投入指标					
DMU	θ	高技术产业劳动生产率	知识密集型服务业劳动生产率	劳动生产率	资本生产率	综合能耗产出率	万人研究与发展(R&D)人员数	人均GDP	R&D经费支出与GDP比值	高校与科研机构研发(R&D)经费中企业投入比重	基础研究支出占R&D经费支出比重	地方财政科技支出占地方财政支出比重
北京	0.979		7.582	0.170	0.137		14.533				2.359	2.940
天津	1.000											
沈阳	1.000											
大连	1.000											
长春	1.000											
哈尔滨	1.000											
上海	1.000											
南京	0.840	4.731				1.291	26.708			0.642		1.492
苏州	1.000											
杭州	0.917		2.250	2.482	0.009		28.315					2.229
宁波	1.000											
厦门	0.957		1.159	1.082			21.452					0.073
济南	1.000											
青岛	1.000											
武汉	1.000											
广州	1.000											
深圳	1.000											
重庆	1.000											
成都	1.000											
西安	1.000											

表 6－8 数据显示南京市在“高技术产业劳动生产率”“综合能耗产出率”两个指标上出现产出不足，在“万人研究与发展（R&D）人员数”“高校与科研机构研发（R&D）经费中企业投入比重”“地方财政科技支出占地方财政支出比重”等指标上出现投入冗余。南京市高技术产业劳动生产率和南京市的综合能耗产出率都处于有待提高的水平，否则会出现高技术产业增长乏力和环境污染加剧的后果。

党的十九大报告提出要坚定实施创新驱动发展战略，加快建设创新型国家，强调创新是引领发展的第一动力。近年来，南京市认真贯彻中央和省委省政府的决策部署，大力实施创新驱动发展战略，加快建设创新型城市，着力建设创新生态系统，在促进科技创新与产业相衔接、以产业转型升级牵引新旧动能转换、打造开放创新高地等方面进行了积极有效的探索，取得了显著的成绩。

南京创新产出和创新效率的排名明显靠后。为何南京在创新资源、创新投入等方面优势较为明显，但创新的产出效益却不高呢？因为南京优越的科教资源并未充分释放为科技创新和产业发展优势，无论是从科技成果落地、新型研发机构培育，还是从高层人才引进和培育以及具有国际影响力的科技创新型企业的成长和发展来看，与深圳市等创新先进城市相比都有较大的差距。主要表现在以下几个方面：一是企业创新能力不足。2016 年南京市高新技术企业 1698 家，远低于深圳 8037 家、广州 4739 家、苏州 4133 家。二是创新创业的生态环境营造不足。南京的创新创业载体、机制和资金等方面与深圳相比有较大差距，全市支持创新的各类基金规模还很小，创新生态系统缺乏充分的资本来源。三是创新高度不高。缺乏像深圳“国家基因库”这类综合能力位居世界第一的国家级平台，目前南京新型研发机构只有 35 家，仅为深圳的 1/3。

目前，南京市委市政府已经确定实施创新驱动发展“121”战略部署，出台了推动科技创新 1 号文件及 51 项实施细则和相关工作文件，制定了“两落地一融合”等 10 大工程作为具体支撑，力推创新驱动和高质量发展。但实践运行的结果表明，单纯增加创新资源投入并未能实现理想目标。南京市面临的主要任务是如何合理地集聚和链接创新资源和要素、形成运转有效的生态机制，从而形成更加完善的一流创新生态系统，高效持续地推进南京创新名城向更成熟阶段发展。

第3节　区域创新生态系统风险预警

3.1　创新生态系统的风险

创新生态系统作为区域发展的动力引擎，对于区域发展具有重要意义。区域创新能力是建立区域竞争优势的关键因素，并且区域发展平台核心流程的成功主要基于参与者之间的集体学习和知识创造。区域创新生态系统最重要的特征就在于其具有系统性和生态性的属性。其中系统性不仅保持了其可以在完整的封闭体系内有效运转，也促使其可以和外界进行互动形成开放的平台；而生态性又表明其具有内生动力推动其不断地随着环境变化而生长和调整，进而可持续地发展下去。

从时间与空间的维度上看，创新生态系统具有多层次性与自组织演化的特性。从任何一个创新种群（企业、科研部门、辅助机构）看，创新生态系统运作过程可以描述成由物流、资金流、技术流、信息流、管理流、知识流等资源流以及各个节点行为所形成的高度分形与自相似的输入—输出转换体系。在这一系统中，各个节点充分发挥自身的核心竞争力，而且所有的节点核心竞争力在创新生态系统机制下得到了较完美的融合，出现了非线性涌现现象，从而使得区域创新生态系统具有强大竞争力。然而，这种分布式的结构也具有缺陷，任何一个扰动都会引起创新生态系统偏离其运作过程中预设的最优轨迹，过大的偏离甚至会导致其崩溃。

进一步而言，创新生态系统结构的复杂性、随机性、相关性与创新种群策略的自适应性、投入资源结构的可调性使得创新生态系统在其演进过程中可能形成一系列并非完全独立、个性化的风险。更为重要的是，由于创新生态系统风险的多源性、多样性以及风险之间的非线性相互作用，使得在创新生态系统运作的过程中涌现出更加复杂的、难以预测的风险。这种错综复杂的风险大小一旦超过其容忍度将会给创新生态系统带来不可估量的损失，甚至可能导致创新生态系统崩溃，因此对其管理尤为重要。

目前学者从不同层次研究了创新生态系统的风险问题。有的从企业的创新生态系统角度进行研究，有效地评价企业技术创新生态系统的运行风险，有利于系统进行风险控制[①]。高科技企业创新生态系统风险感知虽不直接影响风险评估，但直接作用于风险治理投入，且通过风险治理意愿间接影响风险治理过程，风险评估是高科技企业风险治理投入的重要影响因素[②]。武建龙等[③]以比亚迪新能源汽车为例，分析了创新生态系统演进过程中存在的系统脆弱性风险、盲目扩张风险及匹配依赖风险，并指出围绕创新驱动策略、创造需求策略和利用环境策略可有效应对这些风险。

区域创新生态系统被看作一个具有生命力的、可演化的生态系统，主体之间的协同演化与主体和环境的物质、信息、能量交换是区域创新生态系统的主要任务。越来越多的学者认为区域创新生态系统动态演化的一般过程类似于生物群落的演化过程并具有周期性特点，可归纳为形成阶段、发展阶段、成熟阶段、衰落与更新阶段四个阶段。在衰落与更新阶段，区域创新生态系统由于生境的持续变化、生态位重叠严重而体现出变异性，有出现衰落的可能[④]。在区域创新生态系统的动态演化进程中，系统内变化的稳定性和可预测性关乎区域创新生态系统是否能够可持续发展，系统的稳定性、可持续性、恢复能力对于区域创新发展而言至关重要。综合梳理相关文献，大多数学者仅仅是对区域企业创新生态系统的内涵、结构、运行机制做出研究，并且更进一步地，其动态演化特征成为新的关注点。陈雅诗等[⑤]在复杂适应系统理论的视角下，重点探讨了区域创新生态系统中的主体及从主体到系统整体的创新演化过程。刘和东等[⑥]建立互利共生、偏利共生以及竞争共生三种演化模型，揭示高新技术产业集聚区生态系统各阶段的演化动力与机理。李晓娣等[⑦]从全要素共生协调视角分析区域创新生态系统共生水平和状态，进而测度区域创新生态系统共生进化动量与态势。

---

① 周大铭. 企业技术创新生态系统运行风险评价研究[J]. 科技管理研究，2014，34(8)：48－51.

② 李晓娣，张小燕. 区域创新生态系统共生对地区科技创新影响研究[J]. 科学学研究，2019，37(5)：909－918＋939.

③ 武建龙，刘家洋. 新能源汽车创新生态系统演进风险及应对策略——以比亚迪新能源汽车为例[J]. 科技进步与对策，2016，33(3)：72－77.

④ 王莉，游竹君. 基于知识流动的创新生态系统价值演化仿真研究[J]. 中国科技论坛，2019(6)：48－55.

⑤ 陈雅诗，刘明广. 基于 CAS 理论的区域创新生态系统演化研究[J]. 科技和产业，2016，16(9)：50－52＋64.

⑥ 刘和东，陈雷. 高新技术产业集聚区生态系统演化机理研究[J]. 科技管理研究，2019，39(16)：199－204.

⑦ 李晓娣，张小燕. 我国区域创新生态系统共生及其进化研究——基于共生度模型、融合速度特征进化动量模型的实证分析[J]. 科学学与科学技术管理，2019，40(4)：48－64.

综上，学者大多关注创新各主体之间竞争与合作行为产生的演化关系或全要素共生水平，对于区域创新生态系统的风险性却很少提及并进行研究，区域创新生态系统风险预警还没有形成一个完善、系统的概念框架和理论体系。由于多源性、多维性、交叉性、传递性等特性，区域创新生态系统风险评估的难度非常大。故此，区域创新生态系统风险评估的研究成果主要体现在事后检验这一领域，通过对风险因素识别与风险发生一般性规律发现的研究成果代替对于特定条件下风险发生与持续时间、宽度及损失等风险参数估计的研究。风险事后评价与事前评估的结果之间存在本质性的区别，而科学家更加关注的是事前评估，故这种"等价"的处理存在很大的漏洞。本研究构建的多维性、量子认知条件下的区域创新生态系统风险评估体系具有更宽广的理论维度。

3.2 量子认知

与其说量子力学是物理学，还不如说它是一种数学。数学关心的是符号之间抽象的关系与结构，而不关心符号对应的实物。这门诞生于量子物理的抽象数学被人们称为量子概率。量子概率不一定非得描述微观粒子，而是可以描述更一般的宏观系统，例如人类的认知现象。注意，这种应用并不是把人类认知还原为大量的微观粒子，而是将认知主体作为一个完整的系统，而运用量子概率去描述。正如随机过程作为一个独立的数学分支可以脱离它的原始物理背景而应用到包括金融、生物等更广阔的系统中一样，量子概率也必将可以作为一套与经典概率不同的数学分支应用到各种领域之中。

本研究首先沿着将概率复数化的思路引入复数概率（即量子物理中的概率幅）的概念，之后为了理解经典概率与复数概率的不同，我们从几何表示到不兼容属性对，再从不兼容属性对到复合系统的纠缠态来予以展开。

所谓的复数就是形如下式所表示的数：

$$a+b\mathrm{i}$$

虚数 i 对应的是量子状态的相位，虽然相位仍然不可测量，但是它却是使得量子系统表现为区别于经典系统的主要原因。进一步，量子力学中虚数 i 的引入，还使得人们对概率的认识过渡到了对概率幅这一可以取复数的类概率量（之所以称之为类概率量，是因为概率幅的运算法则与经典概率的运算法则完全一致）的阶段。定义一种叫作概率幅（在本研究中又称为复数概率）的新量，即：

$$\psi = a + b\mathrm{i}$$

并且,我们规定这个复数概率 ψ 可以按照下述规则转变为经典概率:

$$p = |y| = y^* y = (a - b\mathrm{i})(a + b\mathrm{i}) = a^2 + b^2$$

$|\psi|$ 表示求复数 ψ 的模,ψ^* 表示 ψ 的共轭复数,也就是说 ψ 乘以它自己的共轭就得到了 ψ 的模。按照前面的将概率复数化的思想,我们也可以为每个随机事件 $X = x_i$ 定义复数概率,这样 n 个复数概率也可以写成向量的形式:

$$Y(X) = y_1 |x_{1>} + y_2 |x_{2>} + L + y_n |x_{n>}$$

$|x_{i>}$ 是这 n 维空间中的第 i 个基向量。在量子力学中向量 $\Psi(X)$ 称之为一个量子系统的叠加态。在量子概率体系中,事件不再对应经典的集合,而是对应线性空间,这个空间又称为希尔伯特空间。只有这样扩展量子概率,我们才能表达不兼容属性。所谓的不兼容属性就是指一个客观物体所具备的两种属性,这两种属性不能同时得到确切的测量值。当你知道了属性 A 的确切值之后,你就不能获知 B 的确切值了。量子力学中有很多测不准对,例如同一个粒子的位置和动量,或者是能量和时间就是不兼容属性对。

3.3 创新生态系统风险评价

在现实世界中,我们经常碰到这么一种现象:某一种风险发生之后,能够引起其他多种风险同时发生,从而导致创新链崩溃,这称之为创新系统风险。这一切似乎都是突如其来的,因为无论从哪个角度上讲,这些风险之间并不存在直接相关的现象,然而他们都像商量好一样,在创新系统中突然发生,我们称之为创新风险的共振现象。更加严重的是,一旦这种共振现象发生,创新系统中几乎所有的风险都会发生同步现象,同时被激活。那么,如何分析这种现象就成为科学界的一个重要的任务。将这一现象同量子纠缠态的理论进行横向比较,可以发现两者之间具有极高的相似度。因此,在本研究中我们试图采用量子来描述各个风险之间发生的情况,也方便我们采用量子纠缠态的研究方法分析这种风险之间的共振现象。

企业创新种群有着各自相对独立的创新生态系统,这个相对独立的系统受到外界环境和其他创新种群的影响,并产生互动和协同。同时,企业种群又可以看作是产业创新种群的一个子系统,他们之间的风险存在互动和共振的风险。企业创新种群的风险会传递给产业创新种群,产业创新种群的风险也会传递给企业创新种群。企业创新种群的业绩和风险与产业创新种群的业绩和风险均会影响到区域创新系统的业绩和风险。

本研究从创新生态系统的业绩及其可持续性两个视角来考察区域创新生态系统的风险。业绩下滑以及可持续性(发展动力)不足均是强烈的风险信号。兼顾创新生态系统的层次性,结合前文的创新生态系统的概念模型和创新评价指标,构建本研究的区域创新生态系统评价指标体系。基于量子认知原理,可以对前文得到的 DEA 效率评价结果进行复数形式变换,可得表 6-9。

表 6-9　复数形式($\psi=a+bi$)的评价结果

DMU	y_1		y_2		y_3		y_4		纠缠态 y
	a	b	a	b	a	b	a	b	
北京	0.924	0.076	1	0	1	0	0.979	0.021	0.905+0.095i
天津	1	0	1	0	0.615	0.385	1	0	0.615+0.385i
沈阳	0.441	0.559	0.984	0.016	0.596	0.404	1	0	0.259+0.741i
大连	0.924	0.076	1	0	0.544	0.456	1	0	0.503+0.497i
长春	0.728	0.272	1	0	0.602	0.398	1	0	0.438+0.562i
哈尔滨	1	0	0.834	0.166	0.647	0.353	1	0	0.540+0.460i
上海	1	0	1	0	1	0	1	0	1+0i
南京	0.995	0.005	0.879	0.121	0.644	0.356	0.840	0.160	0.473+0.527i
苏州	0.724	0.276	1	0	0.642	0.358	1	0	0.465+0.535i
杭州	0.894	0.106	1	0	0.985	0.015	0.917	0.083	0.808+0.192i
宁波	1	0	1	0	0.939	0.061	1	0	0.939+0.061i
厦门	1	0	1	0	1	0	0.957	0.043	0.957+0.043i
济南	1	0	0.973	0.027	0.741	0.259	1	0	0.721+0.279i
青岛	0.930	0.070	0.683	0.317	0.572	0.428	1	0	0.363+0.637i
武汉	1	0	0.916	0.084	0.563	0.437	1	0	0.516+0.484i
广州	1	0	1	0	1	0	1	0	1+0i
深圳	1	0	1	0	1	0	1	0	1+0i
重庆	1	0	1	0	0.736	0.264	1	0	0.736+0.264i
成都	0.950	0.050	1	0	1	0	1	0	0.950+0.050i
西安	1	0.000	1	0	1	0	1	0	1+0i

纠缠态 y 中 a、b 的值的测算基于路径"$\psi_1-\psi_2-\psi_3-\psi_4$"进行复数运算得到。

本研究认为只有纠缠态 ψ 为"1+0i"的城市(决策单元)才能视为国内具有一

流创新生态系统的城市。观察表 6 - 9 的数据可以发现，目前国内创新生态系统处于一流水准的是上海、广州、深圳和西安。

基于评价者视角的量子认知跨越了一个 4 维的空间向量$\{|x_1>, |x_2>, \cdots, |x_4>\}$。

每一维度的有效性概率分别为：0.55＋0.45i，0.7＋0.3i，0.35＋0.3i，0.8＋0.2i。

则构造相关概率矩阵并进行计算可得：

$$\begin{bmatrix}0.55 & 0\\ 0 & 0.45\end{bmatrix}\cdot\begin{bmatrix}0.7 & 0\\ 0 & 0.3\end{bmatrix}\cdot\begin{bmatrix}0.35 & 0\\ 0 & 0.3\end{bmatrix}\cdot\begin{bmatrix}0.8 & 0\\ 0 & 0.2\end{bmatrix}=\begin{bmatrix}0.108 & 0\\ 0 & 0.008\end{bmatrix}$$

可见，创新生态系统总体效率提升的概率是 0.108，而总体效率降低的概率是 0.008。总体效率提升的概率显著高于总体效率降低的概率。根据量子概率原理可知，叠加态下的概率总和未必等于 1，这也体现了测不准原理。针对现实的创新生态系统而言，大概率事件是系统保持目前的状态，风险系数不高。

基于创新生态理论、量子认知理论和数据包络分析方法构建了区域创新生态系统的风险评价模型，分析了不同城市区域创新生态系统的内在的量子特性，揭示了不同层次的创新子系统对区域创新风险的影响，得出以下结论：区域创新生态系统风险形成内在作用机制基于风险的量子属性。量子理论的不确定性特质反映在系统性风险模糊不清的状态上；不同层次的创新风险形成了量子理论中的纠缠和叠加属性；风险研究者评估认知信息的先后顺序产生了量子理论可解释的顺序效应；相比基于排除了不确定性和纠缠态的“理性人”假设的传统方法，量子方法能够直接对风险状态变化进行解释。某一特殊创新种群的创新决策更相似于单一主体决策，区域创新决策更倾向于联合型决策。创新主体是在一定区域内其他创新主体意见的干扰下，其自身经历从不确定状态到确定状态的过程。

第7章

区域创新生态系统发展现状及面临的问题

第1节　创新核心企业的缺失

1.1　核心企业

拥有强大影响力和控制力的创新主体处于创新生态系统的核心位置，周围聚集着一大批与其存在协作配套关联、处于从属地位的非核心创新主体①。结构洞理论认为，掌握关键资源控制权的核心企业扮演着创新生态系统"中心签约人"角色②，并在创新生态系统构建、创新方向选择、创新目标设定、创新资源整合、合作关系协调和系统稳定运行维护等诸多方面发挥着关键主导作用。

随着我国地方产业集群逐渐由"中小企业群生型"向"主企业领导型"发展，创新网络与战略网络也在逐渐融合，核心企业在集群创新网络中拥有较强的资源属性，主要表现在企业规模、领导控制和知识整合三个方面。

从企业规模角度来看，核心企业一般都有比较大的规模。核心企业拥有众多合作紧密的供应商与客户，集聚着市场地位、知识和企业家才能等关键要素，可以为集群中其他非核心企业带来正的外部效应。

从领导控制角度来看，核心企业能以自身为战略焦点来构建网络。核心企业在网络中具有较大的控制力与影响力，如影响网络成员企业的生产经营活动、控制知识和资源的传递与共享等，甚至能通过评价成员企业对创新网络贡献的多少来

---

① 王伟光，冯荣凯，尹博．产业创新网络中核心企业控制力能够促进知识溢出吗？[J]．管理世界，2015(6)：99－109．

② 张运生，邹思明．高科技企业创新生态系统治理机制研究[J]．科学学研究，2010，28(5)：785－792．

决定企业能否进入或退出网络[①,②]。

从知识整合角度来看，核心企业是创新网络中的知识引进者，对于企业以及网络内外知识的吸收、整合和利用的能力较强，不单自身得以成长，还能促进网络中其他企业的创新，可提高整个网络的创新能力。

1.2 核心企业主导能力

核心企业主导能力作为创新生态系统中核心企业所具备的一种特殊能力，既包括正式的资源控制权力，也包括非正式的企业影响力。核心企业主导能力是一种复合能力，至少包括技术引领能力、平台构建能力、关系协调能力、资源整合能力四个方面。

表 7-1 核心企业主导能力

能力类型	定义	内容
技术引领	在创新生态系统中，核心企业在技术资源积累以及技术发展方向的掌控方面比其他创新主体更有优势	1. 掌控行业核心技术或者关键技术研发资源，在行业内具有较强的科研实力；2. 拥有技术创新的专有资源；3. 致力于行业前沿技术的攻关，享有技术标准的话语权，能够在技术方向上引导参与者的研发行为；4. 具有丰富的合作创新经验和积极的合作创新态度
平台构建	构建创新生态系统技术资源与创新组织的集成化系统	1. 创新生态系统愿景规划；2. 成员选择；3. 结构设计；4. 协调机制
关系协调	企业对创新生态系统中创新成员之间关系进行协调和优化	1. 关系优化能力；2. 关系协调能力；3. 创新文化
资源整合	核心企业能够利用的内外资源数量以及资源利用效率	1. 能够利用的内部资源及其效率；2. 能够利用的外部资源及其效率

企业技术引领能力显著区别于市场层面的技术引领能力，它不仅反映核心企业在技术创新能力上的绝对优势，还反映核心企业发挥其创新能力优势帮助合作创新参与者提升技术创新能力以使其与系统要求相匹配。因此，核心企业技术引

① 王燕妮. 汽车核心企业创新网络对创新绩效的影响机理研究[D]. 北京：北京工业大学，2013.

② 杨皎平，张恒俊，侯楠. 集群企业间关系强度对合作技术创新的影响——基于企业类型和创新类型的视角[J]. 运筹与管理，2015，24(1)：280-287.

领能力更重视创新组织间的关系租金①。

平台特指创新生态系统技术资源与创新组织的集成化系统②。核心企业主导型创新生态系统本质上就是一种组织间技术创新和技术要素的集成化系统，即技术创新平台。在技术创新分工日益增加和细化的前提下，创新生态系统被视为促进组织间知识或技术协同、实现价值创造和共享的重要载体。核心企业在构建创新生态系统和建构运行制度体系方面比其他参与者更具优势。核心企业平台构建能力体现在创新生态系统愿景规划、成员选择、结构设计和协调机制四个方面。

关系协调能力是指核心企业对创新生态系统中创新成员之间关系进行协调和优化的能力。关系协调能力具体涉及关系优化能力、关系协调能力、创新文化等内容。关系协调的目的是优化创新成员之间工作关系、利益关系，最终产生创新生态系统创新投入与创新产出之间的理想结果。具体而言，关系优化强调创新成员之间基于互惠和共享建立合作关系③，并对其进持续地改善。关系协调强调对合作关系进行调整和整合，强化创新生态系统内创新成员之间的信任和承诺，促进创新资源共享。协作型创新文化建设是保障创新生态系统能够持续开展技术创新合作的长效机制，若核心企业具有为创新生态系统营造创新文化的能力，则对于增强创新生态系统的稳定性和提高合作创新效率极为有利。

资源整合能力是反映核心企业能够利用的内外资源数量以及资源利用效率的重要指标。核心企业主导型创新生态系统已经决定了是核心企业掌控创新生态系统的价值主导权。资源整合能力是核心企业通过建构创新生态系统并有效整合创新成员间创新资源而形成对其他参与者的影响力。这就要求核心企业在整合其他创新成员资源实现价值创造和共享方面必须具有显著优势④。

1.3 核心企业发展现状

以不同区域的独角兽企业作为创新核心企业的代表来分析区域创新生态系统

① 吴绍波.战略性新兴产业创新生态系统协同创新的知识投入激励研究[J].科学学与科学技术管理，2013，34(9)：71-76.

② Gawer A, Henderson R. Platform owner entry and innovation in complementary markets: evidence from intel[J]. Journal of Economics&Management Strategy, 2007,16(1):1-34.

③ 任胜钢，孟宇，王龙伟.企业网络能力的结构测度与实证研究[J].管理学报，2011，8(4)：531-538.

④ Möller K, Halinen A. Business relationships and networks: managerial challenge of network era[J]. Industrial Marketing Management, 1999, 28(5): 413-427.

中核心企业的发展现状。长城战略咨询发布了《2018 年中国独角兽企业研究报告》。2018 年，中国独角兽企业数量首次超过 200 家，达到 202 家，其中 2018 年度新晋独角兽企业 89 家，独角兽企业上市 21 家，因成立超过 10 年而“毕业”的独角兽企业 5 家。截至目前，中国独角兽企业总估值 7441 亿美元，其中估值超过(含) 100 亿美元的超级独角兽企业共 7 家，分别是蚂蚁金服(1500 亿美元)、今日头条(750 亿美元)、滴滴出行(600 亿美元)、快手(200 亿美元)、京东数科(200 亿美元)、菜鸟网络(200 亿美元)和比特大陆(145 亿美元)。同时，前沿科技型独角兽企业增长迅速，引领新一轮科技创新。

中国前沿科技独角兽企业数量和比例显著增加。2018 年中国独角兽企业共分布于 22 个行业领域，电子商务、智慧物流、新文娱、人工智能、新能源与智能网联汽车独角兽企业数量分列前五。与 2017 年相比，人工智能、智慧物流、新能源与智能网联汽车和大数据领域独角兽企业数量增长较快。在 2018 年中国独角兽企业中，依托前沿技术创新引领企业发展，聚焦新一代信息技术(人工智能、大数据、云服务、量子通信)、生物医药、新能源与智能网联汽车、智能硬件、新材料、新能源等新兴产业领域的独角兽企业共 65 家，占比 32.2%。孕育出独角兽企业的前沿科技领域进一步拓展。

南京、广州、武汉、青岛等城市区域成为独角兽企业的新集聚地。2018 年中国独角兽企业分布于 25 座城市，北上杭深是主要集聚地，南京、广州、武汉、青岛等成为新兴的集聚地。主要分布情况为：北京 82 家，上海 38 家，杭州、深圳各 18 家，南京 9 家，广州 6 家，武汉 5 家，香港、青岛各 4 家，天津、成都、西安各 2 家。出现独角兽企业的城市范围不断延伸，2018 年青岛、西安、合肥、银川、杨凌、赣州、上饶、绍兴、铜陵和延安 10 个城市首次出现独角兽企业。北上杭深共有独角兽企业 156 家，比 2017 年增加 19 家，占我国独角兽企业总数的 77.2%，与 2017 年 84%的比例相比进一步下降，说明我国各区域创新活力持续提升、创新型城市不断涌现，更多的城市开始注重营造创新创业生态，培育引进创新型企业。

在类似于独角兽企业这样的创新核心企业得到快速发展的同时，独角兽企业的分布是不均匀的。有些城市的创新核心企业的发展生机勃勃，例如深圳和杭州。深圳的特点在于其龙头企业较多。据统计，深圳目前已有 18 家独角兽企业，包括大疆创新、碳云智能、腾讯云等，主要分布于大健康、人工智能、云服务等行业，正是这些企业的存在，带动了深圳的科技创新。

杭州市同样有 18 家独角兽企业，其以电子商务与互联网金融业为主，其中有一半独角兽企业的业务是围绕阿里生态圈展开的,包括蚂蚁金服、阿里云、口碑等,可见,阿里巴巴引领着独角兽企业在杭州的发展。

但是,多数城市的创新核心企业的数量和质量都是不足的。作为创新主体的龙头企业的缺乏将进一步导致区域创新生态系统内的企业科技创新经费投入、创新产出以及对国际高端人才吸引力的不足。发达的外向型经济表明苏州事实上拥有放眼全球、整合资源的国际视野,但在承接外资企业的过程中,难以学习到国外先进的技术和管理经验,忽视了对本地民营企业的培育,导致了现阶段整合国际创新资源的创新型核心企业的缺失。

第 2 节　创新生态系统的多维约束

2.1　研发经费与人才投入的约束

我国不同区域的创新生态系统均面临着研究经费和专业人才投入不足的问题。以江苏和浙江为例,同为经济和创新大省与强省,两个区域在创新投入要素上也有着明显的差别(见表 7－2、表 7－3 所示)。

表 7－2　浙江、江苏大中型工业企业研发活动情况(2015—2017 年)

		浙江			江苏		
项目	单位	2015	2016	2017	2015	2016	2017
企业数	(个)	4792	4745	4740	7249	7267	6794
有 R&D 活动企业数	(个)	2931	3051	3289	5833	5750	5385
企业有研发机构	(个)	2929	3016	3174	7432	7816	7204
R&D 活动人员	(万人)	24	24	26	56	56	56
企业内部的日常研发经费支出	(亿元)	667	768	832	1033	1092	1197
委托外单位开发经费支出	(亿元)	38	38	39	43	42	50
新产品销售收入	(亿元)	3252	5121	5162	20127	22801	22654
专利申请数	(项)	33785	39073	44391	55022	62744	58847
发明专利	(项)	8517	10564	12840	20820	25212	24211
拥有发明专利数	(项)	18160	22693	28657	47952	65151	78759

注:数据来自浙江、江苏统计年鉴 2016—2018。

观察表7-2可以发现浙江在资源投入总量上与江苏有着显著差异。与江苏相比较，浙江在创新资源投入上更显不足。具体分析企业创新投入的强度指标可以发现类似结论，浙江省的大中型企业在创新的投入、产出方面均不如江苏。在创新过程中，浙江的资源约束问题更加严重。

表7-3　浙江、江苏大中型工业企业研发活动平均水平(2015—2017年)

		浙江			江苏		
项目	单位	2015	2016	2017	2015	2016	2017
有R&D活动企业比重		0.612	0.643	0.694	0.805	0.791	0.793
有研发机构的企业比重		0.611	0.636	0.670	1.025	1.076	1.060
R&D活动人员	（万人）	0.005	0.005	0.005	0.008	0.008	0.008
企业内部的日常研发经费支出	（亿元）	0.139	0.162	0.176	0.142	0.150	0.176
委托外单位开发经费支出	（亿元）	0.008	0.008	0.008	0.006	0.006	0.007
新产品销售收入	（亿元）	0.679	1.079	1.089	2.776	3.138	3.334
专利申请数	（项）	7.050	8.235	9.365	7.590	8.634	8.662
发明专利	（项）	1.777	2.226	2.709	2.872	3.469	3.564
拥有发明专利数	（项）	3.790	4.783	6.046	6.615	8.965	11.592

注：数据来自浙江、江苏统计年鉴2016—2018。

城市区域创新生态系统同样面临创新资源投入不足的问题。以江苏省苏州市为例，相较经济发展总体水平而言，苏州市在创新方面的经费投入仍然偏少。2016年苏州R&D经费投入占GDP的比重为2.78%，仅与江苏省平均水平持平，低于省内城市南京的3.13%和无锡的2.8%，与国内先进城市差距则更大，2016年R&D经费投入占GDP的比重深圳为4.2%、上海为3.8%。2016年，苏州规模以上工业企业R&D经费投入361.5亿元，占全市R&D经费的84.03%，平均每家规模以上工业企业R&D经费投入仅375.94万元，占当年主营业务收入的1.19%；而深圳规模以上工业企业R&D经费支出占其主营业务收入的比重达2.84%，是苏州的两倍多。深圳华为、腾讯，杭州阿里巴巴等企业的R&D经费投入占主营业务收入的比重都在10%以上，可见苏州的企业科技投入仍有待增加。

在创新人才投入方面，多数创新区域均面临人才供给不足的问题。各地创新区域一直能够清楚认识到自身高校、科研机构与创新人力资源的不足。为解决这一难题，各个创新区域采取多项措施加大人才引进力度。例如，与国内外高校、科研院所开展合作，发展壮大产学研合作。人才的主要来源有两种渠道，即本地自己培养和从外地引进。相比之下，多数创新区域培养高端人才的能力较弱，尤其从人才培养结构来看，瓶颈主要在于高等教育与本地产业需求间存在较大差距，人才结构不能适应产业转型的需求。特别是高新技术人才与高层次经营管理人才的匮乏，制约了创新区域进一步提升其自主创新能力，使其难以形成创新驱动的良性循环。

2.2　产业结构的制约

我国的区域创新生态系统（创新城市）多数都是工业强市，拥有强大的制造业基础，现阶段产业结构正处于工业化的后期提升阶段，过去以电子设备制造、电气机械制造、黑色金属加工业、化工制造、通用设备制造和汽车制造六大行业为主导的产业结构层级明显偏低。

近年来，区域创新生态系统（创新城市）产业结构加快转型升级，以新能源、生物技术和新医药、高端装备制造、集成电路为代表的新兴产业正逐步成为引领经济发展的主力。

但是这些战略性新兴产业仍带有低端的特征，高新技术产品的生产还有很多处于委托加工阶段，位于产业链“微笑曲线”的底端，附加值较低，距离高端化的工业结构仍存在差距。例如与深圳以生物、互联网、信息技术、文化创意、新能源等产业为主，杭州以信息经济、文化创意、金融服务、旅游休闲等产业为主的战略性新兴产业定位相比，其他区域创新生态系统（创新城市）的产业结构仍有待优化升级，需要在加快推进传统优势产业转型、培育新兴产业发展的过程中释放新动能。

2.3　生态系统流动性不足

创新生态系统作为一个动态的整体系统，在创新要素高浓度、高密度集聚的基础上，想要充分激发创新活动，就必须促进内部各要素间的自由流动，通过物流、信息流、知识流、想法流等的交流互换促进新思想的形成。

例如，杭州以互联网经济为支撑、以阿里为核心的平台经济就有效解决了地域距离，电商思维将信息、生产、贸易进行互联网化，充分利用了企业资源异质性，资源共享、跨域信息流动的死角，有效将市场和需求重新进行了匹配。各类孵化器、众创空间等作为创客们聚集在一起交流思想、分享知识、切磋技术的场所，其重要意义不在于作为物理空间的存在，而在于鼓励人才间的交流与合作，在创新主体之间构建一种网络和互动的关系。

对于企业而言,产业集群作为其高效的创新网络组织,是企业创新的重要载体,有利于创新活动的扩散。以地区网络为基础的工业体系比实验和学习局限在个别企业的工业体系更加灵活,在技术上也更有生气。

多数区域创新生态系统(创新城市)的一大短板就在于有标志性、带动性强的创新产业集群目前仍然较少,由此导致产业链上下游企业间的合作以商业活动为主的居多,以科技协同创新的合作较少,而进行行业核心技术或关键技术的合作研发则更为缺乏。

第8章

国内外区域创新生态系统发展的成功经验

第1节　国际经验

1.1　硅谷区域创新生态系统

1.1.1　硅谷创新生态系统概况

硅谷创新生态系统是一种典型的企业内生驱动的发展模式。硅谷是迄今为止当之无愧的全球最佳区域创新生态系统，是个物种最为丰富、体量最为庞大的“创新热带雨林”。溯源其成功的原因，一是硅谷的成功离不开斯坦福大学的支持，斯坦福大学为硅谷早期的发展提供了源源不断的知识和人才资源。二是硅谷坐落于气候宜人、风景秀丽的加州海岸地区，天然具有优良的自然环境。充沛的阳光、葱郁的森林、清澈的海湾等自然风光是吸引人才留在硅谷创业的重要因素。三是多元包容的社会文化。大量的创新创业人才都是亚裔等非美国本土成长的，硅谷在人才选拔上，已放眼全世界。四是丰富的专业化服务。一流的法务服务、会计服务、税务服务，遍及全球的人力资源网络，为硅谷创业者提供了高效的创新创业服务。

区域创新生态系统最应借鉴硅谷的经验是企业在创新生态中的核心地位——企业自主决定创新的决策、投入、研发、组织。硅谷创新生态系统中的企业主要可以分为三类：一是世界级的创新型高科技公司，如惠普、Intel、苹果、Facebook 等。大型企业在投入研发方面具备天然的规模优势，它们之间的合作与竞争也大大地促进了研发升级和创新的发展。在这方面，区域创新生态系统应发挥好行业领军企业的创新引领作用。二是大批快速“新陈代谢”的中小企业群落。据相关数据统计，硅谷从业人员约 100 万，企业 3 万余家，公司员工人数少于 5 人的小公司占比约 70%，平均每周诞生 11 家新公司。同时，创业失败率很高，几乎每天都有企业关闭,能够存活十年以上的公司只占十分之一。三是活跃的风险投资企业。大量的风险投资家在硅谷寻找下一个机会,他们对看好的初创企业进行直接投资,给予资金资助换取企业部分股权,形成利益共同体,共同成长。这些投资者一般在专业领域耕耘已久,对技术的开创性、产品的市场潜力和企业的发展前景都有相当专业的判断,形成相对有效的风险投资筛选机制。风险投资已从早先的辅助性服务转变为在全球范围内寻找前景看好的初创企业的新型产业。

1.1.2 创新驱动的核心因素

大学科研机构和创新核心企业是硅谷创新的核心驱动因素。硅谷当地及其附近的世界一流大学源源不断地为硅谷创新网络输送创新人才和知识成果。作为创新核心主体之一,大学在硅谷创新体系中的主要作用便是为系统中各主体输送人才和知识,从而实现知识、信息、资源等在网络中的流动和传递。以核心企业为中心构筑了硅谷的创新网络并实现了区域创新种群的不断演化。

1.1.3 政府的规制保障

政府的职能主要在于营造公平、自由的竞争环境,提供有利于长期投资的税收结构,并运用政府采购的手段给予支持。硅谷虽然不是政府计划的产物,但政府的政策支持,特别是政府采购和对企业的低息贷款对促进硅谷发展起到了至关重要的作用。

首先,美国联邦政府投入了大量资金扶持大学在国防、航天、通信、信息以及材料领域进行大规模的基础研究,由此源源不断地产生世界一流的技术和发明,培养世界一流的科技人才,催生出从国家实验室走向硅谷进而扩展至全球的成功商业模式。

冷战时期,联邦政府向斯坦福大学和加州大学伯克利分校进行大笔拨款,全力发展高科技,政府对大学的大量科研投入使得大学能专注于基础研究,从而为科技创新提供持续发展的动力源泉。同时,不同层级的政府通过出台不同政策以鼓励硅谷的创新活动,并为创新的持续发展提供保障。例如,美国联邦政府在促进技术创新方面的政策主要有:建立知识产权保护和专利制度;建立风险投资基金;直接提供研发经费;增加对教育的投入,以培养更多高素质的科技人才;通过税收制度鼓励向研发活动进行投资;对某些行业进行保护,以避免受到国外公司不公平竞争的损害,直至它们能够在技术上自立;放松反托拉斯政策,使厂商充分利用其创新成果等。而州政府和地方政府致力于硅谷基础设施建设,兴办各类职业与技术类教育,为企业培养各梯级的人才。

可见，美国联邦政府、州政府和地方政府通过各种直接或间接的方式为硅谷地区的创新发展提供包括资金、法律法规、政策等方面在内的支持，为硅谷地区营造和培育了良好的创新环境。

1.1.4　创新辅助要素

硅谷有着世界上最密集的风险投资基金，紧邻创新企业，形成了外界不易观察到的"生态循环"。硅谷的工程师与企业家们建立了一种灵活的行业系统，该系统不是围绕单个企业，而是围绕这一地区及其专业技术网络而建立的。商业协会、行业会议、商品展示会及各种俱乐部等一系列正式、非正式的聚会是硅谷地区人们交换信息的场所，从中可以获知有关竞争对手、顾客、市场和技术最新进展的信息。硅谷的成功并非源于仅仅将各创新主体及要素简单地糅合在一起，而是源于其营造了良好的创新环境，培育了自主创新的氛围并使其不断繁荣。

1.1.5　结论及启示

硅谷的创新生态系统的系统特征可以用前文的研究分析框架来分析，详见表8-1。

表8-1　硅谷区域创新生态系统的特点

概念化	范畴化	区域特点
a_1经济体制改革、a_2创新政策、a_3创业政策、a_4税收政策、a_5人才政策、(a_6供给侧改革)	A_1政策	美国联邦政府及州政府为硅谷地区的创新发展提供政策支持。政府的职能主要在于营造公平、自由的竞争环境，提供有利于长期投资的税收结构
a_7法规、a_8知识产权保护、a_9工商管理	A_2法律法规	政府为硅谷地区的创新发展提供法律法规方面的支持
a_{10}产值、a_{11}就业、a_{12}财政收入、a_{13}企业利润、a_{14}经济新常态	A_3经济基础	经济发达国家的发达地区
a_{15}居民消费、a_{16}私营企业、a_{17}国有企业、a_{18}财政支出、a_{19}进口、a_{20}出口、a_{21}技术市场	A_4市场	居民消费技术大增长快，技术市场交易活跃，是全球主要技术市场之一。政府运用采购手段给予直接支持
a_{22}信用评级制度、a_{23}金融支撑系统	A_5投资与融资	有着世界上最密集的风险投资基金
a_{24}客户、a_{25}供应商、a_{26}竞争者、a_{27}潜在竞争者、a_{28}雇员、a_{29}互补商、a_{30}相邻社区	A_6利益相关者	集群化、协同化的合作者

续表 8-1

概念化	范畴化	区域特点
a_{31}交通(网络)、a_{32}通信与信息化、a_{33}住房、a_{34}医院、a_{35}学校、a_{36}创新基础设施	A_7基础设施	硅谷有成熟的创新基础设施,包括公用的创新基础设施及特定集群的创新环境
a_{37}人才资本、a_{38}企业家、a_{39}高校与科研院所、a_{40}专利与发明、a_{41}研究论文	A_8智力资本	斯坦福大学与硅谷的特殊关系
a_{42}科技企业、a_{43}领军企业	A_9焦点企业	大量世界一流的高科技企业
a_{44}律师事务所、a_{45}会计师事务所、a_{46}人力资源服务公司、a_{47}技术服务公司	A_{10} 服务系统	硅谷的工程师与企业家们建立了一种灵活的行业系统,该系统不是围绕单个企业,而是围绕这一地区及其专业技术网络而建立的
a_{48}习俗、a_{49}惯例、a_{50}风土人情、a_{51}宗教、a_{52}价值观	A_{11} 社会文化	营造了良好的创新环境,培育了自主创新的氛围并使其不断繁荣
a_{53}办事程序、a_{54}游戏规则	A_{12} 社会规范	良好、和谐的社会规范
a_{55}网络节点、a_{56}节点间关系、a_{57}网络整体形态、a_{58}过程目标、a_{59}结果目标、a_{60}合同、a_{61}信任、a_{62}社会准则	A_{13}创新生态治理	各种行业协会和非正式社交网络繁荣发展

硅谷的经验说明一个成功的区域创新生态系统要做好以下几件事情。

一是着力建设一批创新型、研究型大学,增加区域内知识来源和人才供给。作为科技创新中心的知识源泉和人才库,大学应将关注的目光更多地投向基础研究和产业共性技术的开发和创新人才培养,大力提高科学研究能力和水平,持续不断地为其注入创新活力。同时应积极推进大学的科研活动与企业、市场的结合,进一步加强产学研联系。

二是努力培育本土创新"引擎"企业,引领科技产业发展。一个城市只有成长出一批世界级的创新"引擎"企业,才真正称得上是具有全球有影响力的科技创新中心。而"引擎"企业的形成是以大量中小企业的存在为前提的,因此要给小微企业足够的生长空间,为民营企业提供良好的发展环境,充分发挥市场竞争机制,尊重市场规律,让大量中小企业能在自由竞争的环境里自然发展,通过自然生长、残酷竞争、大浪淘沙、优胜劣汰,最终培育出有代表性的企业。

三是积极营造浓郁的创新氛围,改善创新生态环境。改革政府管理模式,优化政府公共服务,促进资金、人才等要素的集聚和融合,为企业成长和产业发展营造良好"生态环境",放松和解除对投资与融资的管制,提高对承担风险的激励,保护产权特别是知识产权,创造开放与宽容的社会氛围。培育和倡导车库文化、创客文化等创业文化认同,将奇思妙想、创新创意转化为实实在在的创新创业。

1.2 特拉维夫区域创新生态系统

以色列特拉维夫区域创新生态系统是一种政府主导推动的发展模式。以色列在人口总量和国土面积方面是名副其实的小国,但却是闻名世界的科技与创新大国,以色列在全世界都拥有不可小视的科创能力。特拉维夫作为以色列第二大都市,是以色列最大的创新创业中心,拥有数千家高科技企业,从业人员超 20 万,是世界上高科技企业密度最大的地区。特拉维夫能成为全球顶尖的研发中心和创业高地与其恶劣的自然环境不无关系,资源稀缺迫使以色列人必须用人力资本替代物质资本。特拉维夫成为举世闻名的创新生态系统,其背后的经验更显珍贵、更值得学习借鉴。

一是军民融合的机制。据相关统计数据,以色列高科技企业中 30%以上的企业家和 20%以上的从业人员出身自军队科研部门。军队高精尖技术大量应用于民用领域,军队培育的高科技人才大量服务于高科技部门,是特拉维夫创新生态系统的一大特色。

二是独特的创业文化和氛围。以色列人继承了希伯来人敢闯敢拼的精神,对创业具有包容失败的精神。创业成功的企业通常被世界大型公司所收购,而这往往意味着另一个创业公司的诞生;即使其中不乏创业失败的公司,也往往意味着另一个创业团队的成立。这种周而复始的循环、鼓励创业的氛围,为特拉维夫创新生态系统提供了源源不竭的动力。

三是活跃的风险投资。特拉维夫是全世界风险投资最为活跃的城市,每年都有大量的风险资金投资于创业公司的种子期和早期阶段,为充满活力的创新生态系统提供源源不断的动力。

1.3 班加罗尔区域创新生态系统

印度班加罗尔的区域创新生态系统是一种“跨国公司主导型”的外生发展模式。班加罗尔被称为印度“硅谷”,可见其在过去几十年来所取得的成绩是有目共睹的。这个坐落在经济发展水平落后的印度南大陆高原上的新兴科创城市,拥有微软、英特尔等全球 500 强企业的离岸软件研发中心,世界 75 家顶尖软件研发企业中的近半都在班加罗尔。它之所以取得如此成就，除了拥有良好的自身条件之外，与引进大规模跨国企业、注重与域外创新生态系统的交流与合作密不可分。

除了优美的自然环境、良好的教育环境、政府的大力支持、多元化的投融资体系以及良好的创新创业氛围，班加罗尔创新生态系统特别注重与域外创新生态系统的交流与合作。与硅谷等全球一流的创新生态系统进行沟通交流，与全球知名公司和研发机构建立紧密合作关系，推行合作研发计划，始终保持学习、跟进状态，结合自身资源禀赋打造具备自身特色的区域创新生态系统。

第2节　国内对标区域创新生态系统

2.1　深圳区域创新生态系统的自主创新

2.1.1　自主创新要素

自主创新活动具有高复杂性、高风险性及高不确定性，需要地方政府乃至国家干预以保持高水平的企业创新积极性。深圳自主创新型模式的主导要素见表8-2。

表8-2　深圳自主创新模式的主导要素

创新子系统	子系统建设内容
发展方式创新	发展方式转变需要以自主创新为动力引擎，发展生态循环经济，实施重点领域跨越、产业价值链高端引领，渐序构建产业自主创新体系
人才培养	为更好地吸引、留住和培育高层次人才、领军人才、海外高层次人才、创新型企业家，深圳积极实施人才强市战略，形成了服务于人才的“1+6”政策体系、“孔雀计划”等
产业创新	深圳陆续在全国率先编制生物、互联网、新能源等七大战略性新兴产业发展规划，形成了战略性新兴产业体系雏形
企业创新	强化企业主体地位，推行中小企业上市培育工程等“金字塔”梯队培育体系
知识产权	推行专利战略、标准化战略、名牌战略等，鼓励申请发明专利以及专利国际化，参与产业技术标准制定、积极培育自主品牌。此外，施行“三审合一”机制，营造积极的司法保护和产权环境
创新文化	通过构建全民学习型社会、开展创新教育培训等，提高全民素质，同时重视培育企业家精神和宽容失败的创新文化

区域自主创新是构建产业自主创新型体系和创建创新型国家的重要主体。全国科学技术大会于2006年提出了建设创新型国家的目标，拉开了全国各省市建设

国家创新型城市的序幕。深圳实施自主创新主导战略，率先出台了《关于实施自主创新战略建设国家创新型城市的决定》和4个配套政策文件，由此从“速度深圳”向“效益深圳”“质量深圳”升级转型。

2.1.2 协同创新体系

2011年，深圳市的国内生产总值达到1.15万亿元，这个经济增长的成就标志着深圳发展到达转型升级的拐点。深圳市在创新型城市建设总体上已接近国际先进水平。深圳区域创新生态系统的创新协同建设体现为以下几个方面（见表8-3）。

表8-3 深圳协同创新要素

创新子系统	子系统建设内容
科技体制	强调需求导向，在不断对科研管理体制、科技研发资金投入等进行探索的同时，注重发挥政府作用，在新一轮大部门制改革中整合科技管理部门职能，注重创新资源优化整合
产业体系	积极拓宽新产业领域，发展生命健康、海洋机器人等未来产业。在这一时期，形成了四大支柱产业、七大战略性新兴产业和四大未来产业组成的梯次型产业体系
科技经济融合	实施了促进民生科技、文化科技、智慧城市建设的“十大工程”等。2013年出台《深圳经济特区技术转移促进条例》，形成了财政性资金支撑型技术转移体系，深化了科技与经济的融合
开放式创新	注重各创新要素协同和创新资源有序、高效流动，探索具有深圳特色的协同创新网络。推动“深港创新圈”，协同建设国际有影响力的创新中心
创新载体与环境	重点推进国有科研机构改革，建设具有多元主体、理事会制度、民办科研机构、科学家牵头等新颖特征的新型研发机构，建设大亚湾中微子实验室等一批重大科研基础设施。同时，推出《深圳市知识产权战略纲要》和《深圳市标准化战略实施纲要》，建立以专利、商标、版权、商业秘密等为主要内容的知识产权体系
创新人才	出台《深圳市中长期人才发展规划纲要（2011—2020年）》，提出建设“人才特区”战略、人才国际化战略等五项人才战略，特别是后期制定的《关于促进人才优先发展的若干措施》，是对“孔雀计划”拓展和深化

深圳综合创新生态体系结构和功能仍不完善，还未形成一个稳定、平衡和充满活力的创新生态系统。经过努力，国务院于2014年5月正式批复同意深圳以城市为基本单元建设国家自主创新示范区，由此实现了由点到面、由园区到城市、由局部到整体的突破与发展。

2.1.3 深圳创新战略体系

企业创新需要技术创新和管理创新两种要素的协同，即“双核心理论”。在此基础上，全面创新理论（TIM）更强调全要素创新、全员创新、全时空创新和全面协同，是创新管理的新范式。深圳引领式全面创新的实践较好阐释了该理论的内涵（见表8－4）。

表8－4　深圳创新战略体系

战略子系统	子系统建设内容
布局基础设施	2017年，深圳制订了“十大行动计划”，积极在前沿领域布局重大基础设施和基础研究机构，构筑起一流的科研机构体系。立足全球视野，不拘一格用人才，试点探索科学研究项目全球悬赏和外籍科学家领衔的科研机制
未来产业体系	为培育重点产业群，深圳整合规划未来产业集聚示范区，鼓励创新主体参与或承担国际大科学计划，抢占价值链制高点
产业创新质量	意识到创新效益提升是质量建设、标准体系、信用环境、跨界融合等协同优化的结果，深圳推出十大生产性服务公司公共服务平台，设置质量奖，实施深圳精品工程等。当然，一流的标准体系是掌握行业话语权的关键，深圳积极推进深圳标准上升为国家、国际标准工作
产业空间	围绕优质空间供给，以校区节点为纽带，推进创新型城区、校区、新型产业园区和创新型社区“四区一体化”建设
全球创新网络	深圳抢抓国家“一带一路”倡议机遇，积极拓展海外布局，与沿线国家、地区联合建设海外研发中心、国际实验室等，加速全球创新要素在深空间汇聚，加快科技成果产业化

深圳GDP突破两万亿元规模，规模增长转向质量驱动蜕变的时机成熟，但仍面临高质量发展中创新引领力不足、实体经济发展成本偏高等问题。国家“十三五”规划列出“加快深圳科技、产业创新中心建设”的新战略任务，开启了深圳新一轮创新战略布局。深圳是中国最成功的区域创新生态系统之一，其在许多方面的经验均值得其他区域创新生态系统学习。

第3节　启示与借鉴

3.1　基于创新的内生驱动发展

一个成功的区域创新生态系统必须要注重培育具有本地特色和优势的核心企业和核心产业。例如硅谷一个重要的特色就在于它所拥有的数量众多的高科技公司，而这些公司往往在地孵化、在地成长。而班加罗尔难以诞生世界知名的创新型公司，很大程度上与其跨国公司主导的发展模式有关。

区域创新生态系统应注重创新型企业“孵化—成长—在地产业化”的综合配套服务，注重培育本地企业成长，构建以本地企业为主导的创新生态系统，增强创新内生动力。政府应助力本地新兴创新型企业的孵化、成长、上市，实施激励政策，培育“瞪羚企业”和“独角兽企业”，使大量中小企业成为创新创业的重要力量，让区域创新生态系统成为体量庞大的世界知名“创新热带雨林”。

3.2　政府的作用

硅谷、特拉维夫、班加罗尔的共同经验表明政府在构建区域创新生态系统中发挥着不可或缺的推动作用，主要表现在打造创新创业的硬环境和软环境方面。

在硬环境方面，政府大力兴建相关的基础设施和提供创新创业物理空间，在交通、通信、生活设施供应等方面为创新创业打造良好的工作生活环境。

在软环境方面，政府着力形成以创新创业为导向的制度环境，扮演好环境营造者、规则制定者和政策制定者的角色。一是形成尊重市场的经济环境，企业独立自主经营、自主决定创新相关决策；二是形成有利于创新的法律环境，加大知识产权保护力度；三是形成保护创新的政策环境，制定反垄断政策、消除贸易壁垒、提供税收优惠等。

3.3　有利于创新的文化环境

创新的生成有赖于具备多元文化背景、包容多元主体的创新创业环境的浸染，多元文化是科技创意的重要前提，多元主体是创新活力的保障。美国硅谷强大的创新能力保持世界领先地位，与其多元包容的文化环境密切相关。美国最具创造力的公司往往是国际化公司，而国际化公司的成功离不开外来移民员工的巨大贡献，可见多元文化、多元主体对创新系统之重要性。政府应采取优惠政策措施为人才创造舒适的生活和工作环境，汇聚世界一流的科研机构、顶尖人才和引领科技方向的创新成果。

区域创新生态系统不仅要善于吸引本区域、相邻区域、全国范围内的创新型人才，还应把选才目光放眼全世界。不仅要从 14 亿中国人中选拔人才，更要像美国一样在全世界 70 多亿人口中吸引人才、留住人才，发挥人才在本区域创新生态系统中工作的积极性。

另一方面，应形成不同所有制企业主体公平竞争的文化环境，在审批注册、财政投入、税收优惠等方面对多元化企业主体一视同仁,形成国有企业、民营企业、外资企业公平竞争、活力迸发的局面。

3.4 科技金融支持系统

技术和资金是创新不可或缺的两大要素,科技和金融融合才能有效促成创新成果转化,实现技术和创意的产品化和市场化。在这一过程中,风险投资的存在会有效促进创新创业活力的迸发。一方面,由专业领域经验丰富的人才担任风险投资管理人,对创新成果的创造性、前瞻性和市场潜力作出更好的判断。另一方面,风险投资进行股权投资,与被投资方形成利益共同体,更有利于双方的共同成长。政府应引导成立市场化的风险投资基金,在税收减免、投资补助等方面为风投提供良好的经营环境,为创新创业提供良好的资金支持。

第9章

构建一流区域创新生态系统发展战略

第1节　总体思路和战略地图

1.1　总体思路

目前，创新物种数量不足、创新活力不够，创新要素流动不畅，科技成果转化率不高等问题是区域创新生态系统的主要短板，科技与市场脱节、科研导向与市场需求不匹配问题突出。完善区域创新生态系统的总体思路就是要围绕产业链部署创新链，围绕创新链部署服务链。

区域创新生态系统应发挥体制机制优势、民营经济优势和信息经济优势，从创新物种、创新资源和创新环境三大方面，围绕产业链部署创新链，围绕创新链部署服务链，加快提升区域创新能力。

第一，围绕产业链部署创新链，目的是为了解决科技与市场脱节、科研与市场需求不匹配的问题，针对产业链薄弱环节，加强科研攻关，加快对关键共性技术的突破；对一些具有战略性、前瞻性的重大科技项目，加快创新大平台的组建，着力引进诸如中科院物质科学研究院等国际国内一流创新研发机构落户。

第二，围绕创新链部署服务链，针对创新链条，部署多层次资本体系、科技中介体系和创新公共服务体系。完善专业性交易市场，加快建设科技成果信息共享与发布平台、知识产权交易市场、技术交易市场和科技大市场，提高科技成果转化率。

1.2 战略地图

区域创新生态系统的优化过程可以通过一个战略地图[①]来展示(见表 9 - 1)。

表 9 - 1　区域创新生态系统战略地图

战略愿景	建设一流区域创新生态系统					
战略价值	创新主体协同演进					
利益相关者及其职能	政府	高校与科研机构	创新企业	科技服务组织	金融服务机构	社区
	创建创新平台,为创新活动提供各种保障与支持	促进科技成果转化	充分发挥创新主体作用,积极促进协同创新	做好企业与科技市场的纽带,推动创新产业化	为企业可持续发展提供资金支持	良好的社区生活环境有利于人才资源开发
战略目标	打造良好创新生态基础环境	整合资源,产生创新核心企业	促进创新创业耦合	促进创新主体之间的耦合,形成产业优势	促进跨区域创新种群的耦合,打造区域创新生态系统	对创新生态系统进行不断完善
主题工作	现代创新生态治理系统	优质高效创新服务平台	先进创新基础设施	精准创新分工与专业化体系	创新种群内外部协作与竞争	创新系统自组织演进
创新动能	科学的管理体制	优秀企业的引入机制	优秀人才的引入机制	创新资源的共享机制	利益激励机制	先进产业集群培育机制
	公共管理创新与服务系统	创新文化系统	政策系统	社区服务	创新创业耦合效应	健全投资与融资体系

① 战略地图(Strategy Map)由罗伯特·卡普兰(Robert S. Kaplan)和戴维·诺顿(David P. Norton)提出。他们是平衡计分卡的创始人,在对实行平衡计分卡的企业进行长期的指导和研究的过程中,两位大师发现,企业由于无法全面地描述战略,管理者之间及管理者与员工之间无法沟通,对战略无法达成共识。“平衡计分卡”只建立了一个战略框架,而缺乏对战略进行的具体而系统、全面的描述。战略地图是在平衡计分卡的基础上发展来的,与平衡计分卡相比,它增加了两个层次的东西:一是增加了颗粒层,每一个层面下都可以分解为很多要素;二是增加了动态的层面,也就是说战略地图是动态的,可以结合战略规划过程来绘制。战略地图是以平衡计分卡的四个层面(财务层面、客户层面、内部层面、学习与增长层面)目标为核心,通过分析这四个层面目标的相互关系而绘制的企业战略因果关系图。本研究借鉴了相关理论与实践,构建了区域创新生态系统的发展战略地图。

区域创新生态系统发展战略地图中关于价值创造和创新管理的内容都在很大程度上来源于价值链、产业链的思想。价值链理论中关于价值活动分解的原理在很大程度上为我们分析区域创新生态系统的战略路径提供了一种合适的思路。

第 2 节 职能战略

2.1 创新核心企业发展战略

2.1.1 培育新型创新物种

在全球化大背景下，面对快速变化的市场环境、快速更新换代的技术环境和日益复杂的营销网络，要求企业必须建立一种能够和相关企业和组织紧密协作的、开放协同的价值关系网络。通过集聚创新要素、整合创新资源，形成与其他企业和相关机构共享知识、信息、技术的利益共同体，保持高度的开放，实现从原有封闭式创新向开放式创新转变，让创新资源从简单的企业内部循环转变为外部循环。

企业是经济的细胞，是创新创业的基本单元，承担着创新决策、研发投入、科研组织和成果转化的主体作用。以深圳为例，深圳作为中国的创新"硅谷"，其以"四个 90%"闻名全国：90%以上研发机构由企业设立；90%以上研发人员集中在企业；90%以上研发资金来源于企业；90%以上专利申请来自企业，因此，企业作为创新生态系统主体的地位毋庸置疑。华为和中兴等创新核心企业进一步推动了产业链上下游大量中小企业的发展，逐步形成了扎根于深圳土壤中、具有丰富特色的产业集群。然后继续衍生和培育新的创新社区。

在未来的发展中，区域创新生态系统应注重充分发挥区位优势，培育创新型核心企业，充分发挥各自的区位优势，与相邻的创新生态系统相结合，实现区域创新生态系统的转型。高技术成果与产业对接，加快高校合作与产业转移合作。逐步结合地方特色，扬长避短，按照国际先进标准建立具有区域特色的高新技术产业集群，成为空间区域创新中心。

重点培养一批具有较高自主创新能力的创新核心企业、领军企业，努力打造具有国际影响力的新科技领域的独角兽企业。通过这些企业在产业集群中发挥点对点的作用来形成企业梯队结构的自主创新，从而制造出高科技产品。而自主品牌可以进入国际高端市场。

推动创新型核心企业实施主辅业务剥离战略,聚焦高附加值核心业务,外包软件开发、生产、组装等非核心业务,带动中小企业快速发展。生产性服务企业与龙头企业的上游供应链紧密合作,围绕核心企业生存的完整产业链。

2.1.2 增加企业科技投入

区域创新生态系统应充分发挥金融在企业科技投入中的引导作用,鼓励企业加大对企业的投入,开展各项研发活动,突出企业在创新中的主体地位。根据经济发展的战略要求和区域创新生态系统的战略性新兴产业,进一步优化政府投资企业科技基金的产业结构,选择一些有潜力的高新技术企业。加大科技资金支持力度,加大政府科技对高技术含量和高附加值企业的支持力度。引导企业特别是高新技术企业和创新核心企业加大科技投入。

政府应改变对企业直接拨款支持的简单方式,通过政府股权投资等非行政手段,充分发挥财政资金的杠杆作用,提高资金使用效率,投资于战略新兴产业。通过联合民间资本和利用民间资本,实现产业融合,实现企业风险与效益的共享,促进高新技术产业创新发展。

金融支持模式的改革和创新,不仅改变了传统资金配置和使用的一次性投资和一次性使用的现状,而且可以支持更多的企业,使其能够循环利用资金。区域创新生态系统也应该根据自身工业化和城镇化发展阶段的不同需要,调整技术引进、消化吸收的投资比例,引导企业创新模式由技术引进型向技术自主型、创新型转变,增强区域创新生态系统的自主创新能力。

2.2 创新产业集群发展战略

产业创新生态系统理论的实质是在空间地理或产业链上形成相关的创新物种集群,实现相关创新群体(企业、大学、科学研究机构)之间的合作、开放循环、共生进化。各种群体在产业链和价值链中有机联系。在某种程度上,企业之间的竞争不再是个体企业之间的竞争,而是企业所在产业链之间的竞争和企业所在产业创新生态系统之间的竞争。

产业创新生态系统强调产业链和价值链的相关主体是核心龙头企业。核心龙头企业和产业延伸横向、纵向关联的中小企业通过产业内合作和分工,形成了有机的利益共同体。对于创新主体来说,通过相关的研发和创新活动,将创新链中的其他主体连接起来，实现创新链中研发和应用三个社区的协同创新，促进扩散和创新。在行业中应用新技术、新知识，充分发挥大规模专业分工的优势，提高行业整体创新能力。

创新区在现有产业发展的基础上，加快培育新兴产业和先进制造业的创新生态系统，形成以创新企业为核心的创新集群，加快建立区域性产业集群、创新创业中心和先进制造中心。

改革开放40多年来，中国走了一条以低劳动力成本为比较优势的发展道路，形成了劳动密集型产业结构。随着人口红利的下降和刘易斯拐点的出现，农民工的结构性短缺和人力成本的增加，企业面临着越来越多的就业问题。如何降低劳动力成本，保持我国在工业制造领域的优势，是企业拥抱智能制造的必由之路。

进入21世纪，物联网、大数据与云计算、人工智能等新一代信息技术和先进制造技术的发展与应用创新成为工业制造领域的新趋势。生产集成、自组织已成为工业制造的新特点，智能制造是以用户为导向的个性化需求，在新一代信息与通信技术的基础上实现先进制造技术的开发。新生产方式的开发、组织扁平化、自组织化是智能企业的普遍特点。

企业智能化生产制造可以实现扁平化组织管理，突破企业原有的层次化组织结构，帮助工人、管理者、技术人员和科研人员消除层次差异，更加自主地参与生产和智能制造过程。自组织反映了智能制造具有独立性和动态性。这些智能制造的特点，反映了外部世界的变化，适应了外部世界的变化，进行生产调整，随时优化生产功能，有助于生产组织的优化和生产的改进，为企业降低人力成本上升的负面影响提供了一种切实可行的方法。

2.3　知识创新系统发展战略

高校和科研院所是知识创新体系的主力军，是知识的主要生产者、传播者和应用者，是创新驱动的重要智力支撑。知识创新体系是技术创新体系和区域创新体系的基础。没有强有力的知识创新体系和创新生态系统建设是不行的。

以杭州为例，当前杭州在高等院校和科研院所存在较大“短板”，不仅在数量上落后于经济实力相似的其他区域创新生态系统，在创新成果方面也不如人意。2015年杭州仅有高等院校39所，全年专利授权书46245件，低于北京的90所、94031件，上海的67所、60623件，在专利授权书上低于深圳的72120件。

在知识创新领域，深圳的经验值得学习。高校和科研院所也成为深圳市区域创新能力的不足之处。但近年来，深圳在这方面进行了一些探索，并进行了一些成功的尝试。借鉴深圳的经验，有助于提高地方科研院所的能力，巩固创新。新生态系统知识创新系统的建立具有重要意义。深圳市加强与中科院、清华大学等研究机构的合作，引进一些科研院所落户。深圳已成功引进北京大学深圳研究生院、清华大学深圳研究生院和哈尔滨工业大学深圳研究生院，这些研究机构将为深圳的创新驱动发展提供高端智力支持。深圳也积极支持本地科研机构与国内外科研机构合作设立专项研究机构。目前深圳计划投入600多亿元和中外高校合作建立18所大学，如莫斯科北理大学、香港科技大学深圳校区等。中外合作高校作为对外交流的重要载体，有利于知识创新体系的多元化，有利于知识流、技术流、资金流、人才流在国内国际之间的流动，有利于提升区域创新生态系统的开放性。

2.4　金融与创新融合战略

当前融资已成为瓶颈，除了创新技术瓶颈、人才瓶颈的最大障碍外，要建立多层次的资本支持体系，深化金融链整合与创新，这是突破瓶颈的需要。创新型企业资产轻化的特点和传统金融机构风险控制的要求之间的冲突难以避免，区域创新生态系统应推进金融科技结合，引领我国金融业发展、投融资体制领域的创新，探索一些可复制的、可扩展的，可以有效解决创新创业有益经验的融资问题。

创新金融资本投资方式，改变以往单纯的金融配置方式，加强政府创新投资的所有权，引导市场化股权投资基金的设立，并将其转为投资。浙江有丰富的私人资本。在创新投资方面，要善于利用这一独特优势，建立政府资助的基金。基金与社会资本合作设立的市场化风险投资引导基金包括阶段控股产业投资基金、风险投资基金、股权投资基金、企业研发创新引导基金和成果转化基金。在基金的框架下，各方以相同的权利投资基金，分享利润，分担风险，政府不保证社会资本的盈亏、政府与社会的联动，发挥政府资金的引导作用和放大作用，增加了投资收益。作为创新创业的有效投资，基金由相关领域的专业管理人员运作，通过市场化运作进行创新，独立判断结果的前瞻性、应用价值和市场潜力。

鼓励金融创新，优化科技金融服务体系。深化科技金融服务，在于通过多种渠道解决中小企业融资贵和融资难问题。商业银行应当把加强中小企业信贷支持作为未来发展的新增长点，加强中小企业科技创新金融服务。商业银行在做好风险控制的前提下，为科技创新转型提供资金支持，简化中小企业贷款程序和评估机制。研究开发适合中小企业发展的信贷产品，积极开展知识产权质押贷款业务等金融创新，大力推进风险投资，引导和鼓励社会资本参与。资本通过设立风险投资引导基金等配套政策，进入风险投资领域，并鼓励其进入风险投资领域。小额贷款公司等中小金融机构开展科技金融产品开发和相关服务，促进竞争性科技金融服务体系建设和优化。

2.5 人才战略

从业人员的人才结构最真实地反映产业结构和在产业价值链的位置。引进和培育高端人才，就是在加强创新驱动力，就是在优化产业结构。区域创新生态系统要重视海内外高端人才的引进和培育，特别是引进国家“千人计划”、海外知名学者。高精尖人才往往能带动企业的发展，甚至推动某地区一个产业的发展壮大。例如落户杭州余杭区、由“国千”计划引进人才创立的贝达药业，成功打破国外对我国癌症药物的垄断，开创了中国抗癌药研发的新纪元。人才优势才是地方发展无法复制的独特优势，提高人才存量增量必须创造良好的工作、生活和创新创业环境，推动人才与创新、创业的融合。

区域创新生态系统要重视创新型高层次人才的培养，加快知识精英队伍的培养，深化产学研合作，培养科技带头人和高端管理人才。掌握先进技术，形成合理的创新型人才队伍，引导具有比较技术优势的企业。在市场前沿，着力解决人才梯队不合理、资金不足、薪酬激励制度不完善、创新团队支持保障不完善等问题。依托本地区高校、知名企业、科研院所、博士后工作站和各类创业中心，建立创新型人才培养和输送基地。

以产业发展需要为中心，培养创新型人才，通过创新的社会化人才培养机制，依托区域创新生态系统中高校和科研院所的学科优势和研究专长，结合区域创新生态系统中的创新人才培养模式，构建区域创新型人才培养体系。结合区域创新生态系统产业的发展实践，培养满足区域创新生态系统产业需求的创新人才。完善高校课程体系和专业设置，以提高学生创新能力为教学效果的评价标准，通过校企合作、工学结合的方式进行评价。政府要建立基础性研究人才长期稳定的支持机制，突出市场导向，加大创新人才的培养支持力度。

2.6 创新软环境提升战略

2.6.1 创新治理

在区域创新生态系统中，政府作为具备自我调节机制的有机整体，是多元协同治理机制的重要部分，在创新治理中拥有不可替代作用。多元主体共生的协同治理方式、区域创新生态系统的复杂性和多样性要求更注重系统与外部环境之间的联系与作用，区域创新治理由原有的政府单一主体转变为企业、高校、科研院所、创新中介组织和社会组织跨领域、跨部门的多层级、多主体的协同治理结构。

区域创新生态系统也需要协调系统。区域创新生态系统的开放和演变需要政府、市场和社会的默契合作，加快这与政府对创新生态系统的规划指导和政策支持体系的调整和完善以及政府的斗争密不可分。创新治理的战略性和前瞻性有利于建立良好的制度体系，而良好的制度体系有利于消除各种制度和制度创新障碍，更好地释放创新潜力，优化区域创新环境。

2.6.2 国内外交流

首先要促进与国内相邻科技创新发达地区的协同创新发展，例如江苏和浙江可以加快与上海合作，加快创建科技创新走廊的建设。上海正在建设具有全球影响力的科技创新中心，江苏和浙江应发挥区位优势，主动对接上海、建立创新合作机制、积极参与长三角地区交流与合作，承接上海创新外溢效应。在科技创新方面，加强科技研发和成果转化合作，合作开展科技创新活动，共建科研实验室和协同创新中心，推进科创平台设备和信息共享，促进科技成果转化。

在产业融合方面，推动 G60 科创走廊高新技术产业和信息经济产业联动发展。在人才引进方面，合作引进高水准的科研人才、行业领军人才、高级技术人员和高端创新团队。在基础设施方面，加强交通基础设施的互联互通，形成以沪宁杭高铁、高速公路为核心，以城市轨道交通、省市县道为辅助的立体交通网络；实现政务信息平台的横向对接和信息共享，建立信息共享机制。

区域创新生态系统还要积极拓宽与海外区域创新生态系统的交流渠道。在条件允许的情况下，区域创新生态系统需要深化与全球创新尖峰地区——欧洲、北美、日韩、以色列等国家地区的链接，持续集聚全球创新资源和生产要素。支持设立联合研发机构、跨境协同创新联合体等；推进跨境技术转移，搭建国际技术转移服务平台、跨国技术转移联盟；引进和培育一批国际化中介服务组织、跨国技术转移机构。

2.7 创新创业服务体系开发战略

专业孵化器是创新创业的关键推进器，把孵化器建设作为推动创新的有效载体。鼓励上市公司、投资机构等社会资本发展专业孵化器和众创空间；政府物业资源向孵化器倾斜，推动孵化器投资多元化、管理专业化、服务精准化；加快培育市级科技孵化器，争取升级为国家级和省级；推动布局众创空间，用于孵化、众创。围绕"苗圃—孵化器—加速器"全链条载体构建全链条创新公共服务体系。目前，创新的系统化和生态化特征正逐步改变过去单一的科技研发管理模式，已有更多的政府部门参与到创新治理中来。第一，要建立创新资源整合共享平台，提高资源共享范围和效率。对于财政资助的研发设备统一登记在册，对外开放、共享；对于创新信息能公开的尽量公开，能共享的尽量共享。第二，要健全链条项目流动输送机制，鼓励孵化器开展多元化服务合作。

完善知识产权服务体系，建设新型创新服务平台，建立专业创投服务中心，加快科技服务平台建设。建立技术创新公共服务平台，集聚科技创新资源，提高技术信息、研发设备的共享范围和效率，有效降低中小企业的研发成本。成立科技金融服务平台，推动科技金融的结合，解决中小企业融资难问题，提高企业存活率，加快企业成长。培养科技中介服务机构，完善生产性服务业体系。苏州的生产性服务业是其产业发展的一项短板，由此导致创新型企业所需的各项配套服务不足。因此，苏州要以健全中介服务业门类、提高中介服务机构社会公信力为重点，培育和引进一批专业水平高、影响力大的中介机构。针对本地已有的科技中介机构，要以专业化程度高、活动能力强、组织形式多样化为目标，完善服务体系，引导其从官方组织性质逐渐向半官方民营性质转变，从而为企业提供高效率、高质量的科技中介服务。

搭建产业技术研究院、成立产业技术创新联盟和技术转移服务中心，建立健全科技中介服务体系。完善区域专业性交易市场。目前多数区域创新生态系统的区域性知识、技术和股权交易市场尚处于起步阶段，交易不够活跃、成交量不大。科研成果的转化是构建区域创新生态系统的重要环节，必须有针对性地加快建设和完善区域性知识产权交易市场、科技大市场和股权交易市场，加大国内外技术引进力度，促进知识成果、科研成果的流动，提高科研成果转化率，实现科研成果在本地区就地转化、就地产品化、就地市场化。

2.8 创新流动网络化战略

多渠道推进创新载体建设，优化创新网络组织结构。随着知识经济时代的到来，企业间跨区域、跨组织的合作会越来越频繁，组织间的网络就成了共享和交换资源的空间，成为创新的根据地。只有在网络里，知识才能有效流动，从而促进新想法诞生。各种形式的创新载体是知识流动的物理空间。因此，区域创新生态系统应继续支持各类高层次创新载体的建设。同时，依托行业创新核心企业，通过多种形式建立信息交流平台。优化资源配置，以市场需求为导向，实现各种孵化资源的聚集，构建完整的孵化体系和创新网络，形成创新发展趋势的良性循环。

为了创造一种包容失败、激发创新、促进创新主体之间交流与合作的文化氛围，成熟的创新生态系统不仅需要完整的物理空间元素集合，还需要高质量的文化空间作为重要的软实力。文化已成为创新生态系统不可或缺的一部分。创新活动和人类感受企业家创新精神逐渐成为创新生态系统的灵魂和本质。宽松的氛围、知识共享的环境、平等交流的习惯、颠覆性的创新思维、勇于尝试和勇于面对失败都是创新的文化先决条件。区域创新生态系统应逐步营造敢于冒险、鼓励创新、拥抱失败的创新文化氛围。在这样的环境下，各种创新要素能够充分发挥集聚效应，实现创新生态系统的内生演化，创造新的高层次创新人才和高层次学科，进而科研机构和高新技术企业也将在这里自发聚集。

第10章

南京创新生态系统发展机制调整

第1节　南京创新生态系统发展动力机制

为了不断完善南京创新生态系统建设，只有建立良好的发展动力机制，才能使科技创新平台生态系统协调发展，进而带动南京市区域经济的发展。

1.1　规划引导机制

南京创新生态系统的发展必须要符合区域科技创新驱动发展战略需要，要在充分重视和深刻理解与掌握南京市科技创新驱动战略的基础上，对科技创新平台生态系统的发展进行规划与部署，引导科技创新平台生态系统向正确方向发展。

合理规划南京创新生态系统创新资源体系中产业集群的布局，既要避免重复建设，相互争夺相似创新资源；又要有利于产生集聚效应，避免创新主体在创新活动中单打独斗，增强创新主体的存活能力。充分利用南京市雄厚的优势产业基础以及完善的产业配套优势，在装备制造、绿色食品、石油化工、医药制药等产业，发挥南京创新生态系统创新服务作用，重点提升高科技含量，引导其成为支撑南京市实体经济转型升级的“智造之本”。

南京市应借助科技创新平台生态系统大力发展优势企业，积极发挥优势企业的吸聚效应，促进江苏省相应产业的集聚，通过外部规模效应，带动该产业全面发展，提高产业的整体发展水平。发挥南京创新生态系统的科技优势，重视科技企业的成长，对于南京创新生态系统中的中小企业给予一定政策倾斜；鼓励科技人才在平台的扶植下自主创业。创新南京创新生态系统的创新服务内容，以研发设计、生产环节的创新为主，增加供应链管理、增值服务、品牌营销等环节的创新服务，发展“服务型智造”，加快制造业从价值链低端环节向高端环节跃升。

通过南京创新生态系统，逐步改变政府科技主管部门对南京创新生态系统的主导作用为监督作用，借助网络、线下的合作洽谈会等信息交流方式，增强政府与企业之间的服务与沟通关系。改善投资环境，拓展融资渠道，加大南京创新生态系统在创新资源、中介服务、专用性基础设施等方面的投资，为创新主体的发展提供适宜条件。完善相关法律法规，切实保护知识产权，保护知识产权权益人的合法利益，严厉打击不正当竞争行为，鼓励创新。完善南京创新生态系统中介服务体系的建设，通过建立健全创新信息咨询、创新资源评估、技术交易、服务外包、风险投资、融资担保等机构的职能，发挥中介机构在创新生态系统中的作用。将南京创新生态系统作为国际创新合作的载体，吸收国际创新成果，加强国际创新交流，输出本土创新资源，提升创新主体利用全球创新资源和开拓国际市场的能力，提高江苏省产业的国际化水平。

1.2 创新驱动机制

为了促进南京创新生态系统的可持续发展，一方面要凝练自主创新方向和选择自主创新项目，开展技术创新活动，申报专利，开发新技术核心产品；另一方面要开展管理创新工作，包括发展模式创新、发展机制创新以及管理制度创新等。

南京创新生态系统应以深化科技管理改革为动力，以加快科技成果转化为主线，集聚各类创新创业要素，营造创新创业环境，为区域经济的快速发展提供支撑。在技术创新驱动方面，南京创新生态系统应在鼓励企业组建研发机构的同时，接纳更多大专院校、科研院所成为创新主体。这样不仅可以完成更多的创新活动、提供大型仪器、实验室、检测设备等创新资源，而且可以承接来自企业研发机构、科研院所的科技成果转化，提供产业技术创新支撑。

在南京创新生态系统中通过产业环节的分解，衍生出一批具有分工协作关系的创新主体，构建“基础研究—应用研究—产业转化”覆盖整个创新链的技术创新模式。在南京创新生态系统中要优先鼓励关键技术、共性技术的创新。在管理创新驱动方面，南京创新生态系统要精简管理机构，完善服务体系，提高服务效率和质量。完善管理制度，强化南京创新生态系统的综合服务功能和科技创新促进功能，提高创新效率。

第 2 节　南京创新生态系统协同共生机制

南京创新生态系统的发展,离不开系统内部各创新种群以及区域内外生态环境之间相互交流、相互作用、协同共生的发展态势。

2.1　竞争合作机制

南京创新生态系统是由创新企业、高校、科研院所、中介机构等创新种群等构成的相对开放的生物圈。创新主体、创新种群一方面为了保住自己的生态位,在创新过程中争夺创新资源,甚至垄断部分资源以获得竞争优势;另一方面,创新主体、创新种群会选择合作,与合适的伙伴优势互补、互惠共生,共同提高创新能力。南京创新生态系统应适度引入市场竞争机制,利用市场调节,提高创新种群、创新主体的市场竞争意识和管理手段,激励创新种群、创新主体的技术创新,提高其创新能力。南京创新生态系统应统筹协调,完善沟通交流机制、资源匹配机制、利益分配机制,疏通创新合作渠道,鼓励创新主体之间建立非正式沟通渠道和关系,寻找共同的利益目标,进行合作与对接,通过资源共享、优势互补、风险分担,促进进行合作的创新主体共同发展。

南京创新生态系统应该根据系统中种群的规模、生态位等状态,针对该种群采取不同的竞合机制。当种群规模较小时,鼓励种群内创新主体采取合作方式,优势互补,促进种群稳定成长;当种群规模适中时,引入适当的竞争机制,让种群处于竞争压力之下,淘汰创新能力较差的创新主体,促进种群整体健康发展;当种群规模足够大时,不再引入同类,以避免恶性竞争,让现有种群内创新主体之间自发采取竞合机制,保持种群创新活动的活跃度。为了维持创新主体较为稳定的竞合关系,南京创新生态系统应建立协调监督机制。协调监督机制的建立,不仅可以促进企业合作,而且可以对科技创新平台生态系统内部的创新主体进行有效监督,规范其竞合创新行为,减少纠纷和摩擦,避免合作风险的出现。协调监督机制可以通过有效的强制性措施进行干预,以维持科技创新平台生态系统内的竞合关系。

2.2 信任管理机制

在南京创新生态系统中，各创新种群、创新主体之间的合作是建立在信任的基础上而进行的，信任是保持南京创新生态系统稳定发展的基础。为了构建南京创新生态系统信任管理机制，应从以下几方面入手。第一，建立良好的南京创新生态系统诚信文化。在创新平台生态系统内应营造良好的信任氛围，构建通畅的信息流动机制，以减少信息不对称带来的不确定性，增进各主体之间的信任程度。第二，建立区域科技创新平台的信任监督机制。该机制包括信任评估制度、信任积累制度、信任信息披露制度、征信制度。信任评估制度是指科技创新平台需要对加盟的创新主体定期进行信任评估，对南京创新生态系统内各创新主体的信誉进行分类与评价，进而为创新主体合作创新提供信任基础，以降低合作过程中可能存在的信誉风险，提高合作成功率，推动创新平台生态系统发展。信任积累制度是南京创新生态系统根据日常创新资源供给方和需求方的行为表现与交易记录，对加盟平台各创新主体信誉进行评价，通过积累建立信誉档案并进行级别划分，以便于创新主体选择适宜合作伙伴提供科学依据。信任信息披露制度是南京创新生态系统定期将创新主体的不良信任信息情况加以公布，形成对失信创新主体的社会监督和约束。征信制度是南京创新生态系统建立信任信息数据库，建立在南京市或平台范围内统一的信用评估准则、评估方法、信用评级制度，在创新主体选择合作伙伴时提供查询服务。第三，设立第三方机构，承担监管职责。该机构可以由南京创新生态系统的职能部门承担，也可以由专门的中介机构承担，为推动创新主体双方协作，确保合作质量，维护各创新主体利益，以通过维持系统内长期稳定的互利关系的方式提升主体间信任度，实现合作发展。第四，建立失信惩罚机制。制定相关制度，对创新主体的失信行为进行惩治，比如和在平台内的经营收益或经营成本挂钩，或在资源匹配时加以警示等，通过合理的失信惩罚机制，对创新主体在南京市科技创新平台采取投机行为进行约束。

2.3 沟通交流机制

良好的沟通机制能够促进创新资源的高效获取，能够保证创新主体之间有效的合作，它也是平台传递市场信息、技术信息等创新资源的需要。为了保证南京创新生态系统的高效运行，有必要建立一套全方位、多层次的沟通机制。发挥平台集成优势,加强平台交流渠道建设。南京创新生态系统集成了众多的创新主体、创新资源,为了方便资源匹配、对接,方便创新主体进行创新活动,要完善平台交流渠道建设,为创新主体的科技创新活动开展提供便捷有效的沟通交流途径。制定平台定期交流制度。南京创新生态系统应制定常态化的定期交流制度,如专利对接座谈会、科技成果转化推动会等。通过这些交流活动,促进对平台职能及政策的了解,促进创新主体之间沟通协作,促进平台内相互学习与交流。

2.4　成本控制机制

成本控制机制是指通过建立相应的制度、安排,将区域科技创新平台生态系统运行过程中产生的开支和创新活动的协同成本控制在一定的范围内。对于南京创新生态系统来说,控制平台生态系统运行的开支,通常采用精简机构、加强预算管理、严格控制预算外支出等方式来实现。创新活动的协同成本的控制,应该通过创新成本信息集成管理来实现的。首先,南京创新生态系统要对创新成本信息进行标准化,将创新项目种类繁多,计算复杂的创新成本信息进行简化和优化,制定统一的标准。其次,建立创新成本计划模型,录入具体创新项目的计划成本或目标成本。最后,对该创新项目的实际成本进行追踪,控制实施成本,并对创新成本信息进行反馈和分析,完成创新成本信息集成管理的全过程。

第 3 节　南京创新生态系统生态平衡机制

3.1　生态位决策机制

南京创新生态系统中各个创新群落根据自身发展情况及周围环境,确定自身在系统中的地位和角色,即创新主体在系统中的创新生态位,为群落发展提供决策依据。

3.2　利益分配机制

为了保证南京创新生态系统的稳定运行,保证创新主体(创新资源提供者与需求者)利益不受侵害,提高创新主体进行创新活动的积极性,有必要在创新资源的提供者之间、创新资源提供者与需求者之间、创新资源提供者与科技创新平台生态系统之间、科技创新平台生态系统与创新资源需求者之间建立一套科学合理的利益分配的规则与方法。制定完善的南京创新生态系统利益分配规则，明确创新资源的使用流程、定价手段及分配方法，出台创新资源合作标准协议，依据具体协议执行情况、协议中双方权利义务的约定，按照协议约定的规则来分配利益。为了鼓励创新资源共享、鼓励创新活动，南京创新生态系统在创新资源合作中，应对于创新资源提供者与需求者同时给予补贴。给予创新资源提供者补贴，提高其提供创新资源的积极性及收益，促进科技创新平台生态系统的科技创新；给予创新资源需求者补贴，用来减少其在创新活动中的成本支出，支持、鼓励创新活动的进行。为了避免在具体创新活动中出现纠纷，南京创新生态系统中应设计利益分配动态调整机制，对协议中双方合作效果进行评价，对协议约定的利益分配方法进行调整，保持利益分配机制的客观性和公正性。

3.3 资源匹配机制

根据南京创新生态系统的具体任务，平台生态系统应从以下方面构建资源匹配机制。第一，科学构建南京创新生态系统的创新资源库。共享资源一般包括科技人才信息、创新仪器设备信息、科技成果和科技文献信息、技术知识信息、管理信息等。构建南京创新生态系统的创新资源库，对创新资源进行有效组织和存储，以方便在创新活动中对其进行加工和处理，进而进行资源匹配。第二，优化南京创新生态系统创新资源的对接机制。发挥科技创新平台生态系统的媒介作用，同时面向创新资源提供者与需求者提供服务。一方面要提高科技创新平台生态系统的创新资源汇集能力，将平台生态系统内创新主体提供的资源，转变为创新服务能力；另一方面要提高科技创新平台生态系统对需求的描述能力和对创新资源的集成能力，完成创新资源的对接。第三，提高南京创新生态系统创新资源的全过程协同机制。依据创新资源的匹配程度建立对接，磋商达成协议，对合作过程进行监督，对多边合作进行协调，对合作效果进行评价，以在后续创新资源匹配过程中提供决策依据。

第 4 节 南京创新生态系统创新与服务融合发展机制

4.1 融合引导机制

为了实现南京创新生态系统的历史使命，需要引导科技创新平台生态系统，整合平台生态系统内外部资源，为江苏省区域经济发展提供技术支撑。以南京市区域经济社会重大需求为导向，推动平台创新资源深度融合。南京创新生态系统应整合平台生态系统内的创新资源，引导平台创新活动迎合南京市经济发展方向，最大限度地为地方经济发展提供技术保障。以重点项目为依托，引导、融合创新主体，承接南京市区域经济社会发展的重大课题，推动重点技术项目的技术攻关、推广和应用。融合创新资源、创新主体，引导健全南京创新生态系统建设。通过完善南京创新生态系统基础设施建设、制度建设，为科技创新平台生态系统的创新活动提供基础条件。

4.2 知识共享机制

知识共享机制是创新主体以创新平台生态系统为媒介，将创造出的新知识、新技术、新资源进行共享的行为过程。建设南京创新生态系统的主要目的，是为区域科技创新提供创新资源支持。知识、技术作为重要的创新资源，通过共享机制，使科技资源再配置和再使用，支持创新主体的创新活动，实现创新资源的充分、有效的利用，降低社会创新成本。加强南京创新生态系统创新主体的共享的价值观的培养。改变传统上认为共享是一种损己利人的观念，树立共享可以使交流者共赢的意识，培育乐于共享知识的文化理念，提高南京创新生态系统中创新主体知识共享的积极性。制定统一的知识产权政策，结合相关法律加强知识产权的保护。通过政策与法律，保护知识原始拥有者的权益，提高其共享知识的积极性，并在南京创新生态系统的创新过程中，减少合作纠纷，加快知识共享的进程。建立知识共享绩效评价体系，完善知识共享绩效监督机制。对南京创新生态系统知识共享的效率和效果进行评价，对知识共享各个环节的执行情况和绩效评价结果进行监督，确认知识共享流程中需要改进的领域，不断调整和完善科技创新平台生态系统中的知识共享。通过激励机制鼓励南京创新生态系统中的知识共享。依据创新主体在知识共享中所做贡献,给予丰厚的物质激励和精神激励。这种激励一方面使其得到提供创新资源、与其他创新主体共享行为的回报;另一方面可达到示范效应,使平台生态系统内所有创新主体看到共享知识所带来的收益大于独占知识所获得的利益,提高科技创新平台生态系统知识共享的积极性。按照知识共享规律,创造共享条件,促进知识共享支撑创新活动。通过专业技术知识的学习,缩短知识共享双方的知识距离;通过教育与培训,提高共享知识接受者的知识吸收能力;通过完善科技创新平台生态系统中知识库的建设,促进隐性知识向显性知识转化。

4.3　服务创新机制

在区域科技创新平台生态系统中服务创新机制促进了技术创新与服务的融合,为区域创新活动提供服务支持。服务创新机制不仅要在区域科技创新平台生态系统的不同阶段采取不同的机制和服务内容,而且要针对平台生态系统内不同的种群、群落的规模及所处的生态位,提供不同的创新服务。培育新兴科技服务业态,引进专业化的中介服务机构,完善、升级现有中介职能,提供创新信息咨询、创新资源评估、技术交易、服务外包、风险投资、融资担保等创新服务。引进或鼓励创新主体创办人才培育服务机构、创业辅导服务机构、科技咨询服务机构、研发服务机构、设计服务机构、检验检测服务机构,提供贯穿创新链条的全方位专业化的创新服务。将日常服务与专题服务相结合,通用解决方案与定制解决方案相结合,模块化方案与整体化方案相结合,网络线上沟通与线下面对面沟通相结合,推广服务、跟踪服务和反馈服务相结合;利用多种服务形式,集成服务内容、服务方式、服务流程,打造南京创新生态系统全方位创新服务体系。

第5节　南京创新生态系统环境支撑发展机制

5.1　政策环境支撑机制

科技政策对于区域科技创新平台生态系统的发展起到至关重要的作用。区域创新平台建设应紧密围绕区域创新驱动发展战略要求,在政府的统筹规划下,以科技创新为核心构建政策制度框架,促进区域科技创新平台生态系统发展,带动区域科技创新能力的提高。制定南京创新生态系统发展规划方案,并完善相关制度,加强南京创新生态系统的管理,跟踪实际运行情况,及时调整计划,保持与区域经济相协调的发展方向。完善与南京创新生态系统相关的政策、法律法规,建设基本制度框架,制定创新服务开发、对接、协调、集成的制度安排,维护竞争与合作秩序,规范平台生态系统创新主体的行为,发挥科技创新平台生态系统的引导、服务创新主体的职能。制定相关政策,完善南京创新生态系统服务设施,鼓励更多的实验室、专业仪器设备、行业检测机构、创新服务机构加盟,强化服务意识、优化服务机构、健全服务体系,为科技创新平台生态系统创新活动提供环境保障。实施优惠的人才吸引、培养、激励政策,从国内外引进优秀的科技人才和管理人才,完善人才培育体系,为科技创新提供人才保障。加强国际科技交流与合作,组织多种形式的国际科技交流活动,整合国际化创新资源,将南京创新生态系统发展成为国际创新合作的载体,推动平台生态系统创新主体利用全球创新资源,参与国际市场竞争,提高南京市高新技术产业的国际化水平。

5.2 经济环境支撑机制

良好的经济环境对创新平台集聚创新资源、提供创新服务的规模与质量具有重要影响,能为区域科技创新平台生态系统发展提供强有力的基础条件支撑。建立完善的科技金融服务体系。制定多方面优惠政策,吸引银行机构、创投机构、保险机构、担保机构、信托机构等科技金融服务机构,增加系统中金融机构的数量,为创新活动全过程提供多形式、多层次的科技金融服务安排。实施支持性的金融政策。协调各级财政部门,加大对创新活动的投入。实施优惠的财税政策。在创新活动所需资金的银行贷款等方面通过贴息、担保等方式给予优惠;协调政府部门,出台税收优惠政策,鼓励创新主体加大技术开发投入。加大银行机构对科技信贷的支持。增强银行机构信贷服务功能,不断创新符合创新主体的信贷模式与信贷产品,满足创新活动的需求。引进风投机构,鼓励风险投资,增加创新活动的资金供给,同时要加强管理,规范风险投资资金的运作。设立专项基金,鼓励科技项目、计划项目的申报,协调、组织创新主体联合攻关。

5.3 文化环境支撑机制

南京创新生态系统的建设与发展离不开浓厚的创新文化支撑,通过培养平台生态系统创新生态化的思想和理念，引导创新主体实现彼此共生发展。南京创新生态系统中集聚了具有不同文化背景的创新个体、产业群落，为了加强这些创新个体、产业群落的相互沟通与理解，增强他们之间在创新过程中的协调力、凝聚力，有必要通过完善的合作机制、沟通与交流机制，培育南京创新生态系统共同的组织文化。

南京创新生态系统共同的组织文化要以信任为基础、以共享为理念、以合作为导向、以良好的学习机制为手段，培养创新主体的创新、创业精神，同时保持南京创新生态系统文化的开放性和兼容性，减少创新过程中创新主体之间的矛盾和冲突，保持南京创新生态系统创新活动的连续性、稳定性。

第11章

南京构建一流创新生态系统的政策建议

第1节 营造良好发展环境

1.1 树立创新导向氛围

我国历来有求稳不求变的传统思想，不能容忍失败，所以创业者和投资者大都满足于稳定收益，往往厌恶风险。要改变这一现象，须树立正确的创新文化导向，充分挖掘创新文化对技术创新的激励、导向作用，实现技术创新和文化创新协同发展。创新文化具有持续影响力、广泛渗透力和久经扩张力，对技术创新活动起到导向、凝聚、约束、激励等作用，创新文化对技术创新活动的影响是渐进的、深层次的，区域特色创新文化推动着区域技术创新向纵深发展。

南京市在区域创新体系建设过程中，要注重发挥环境文化的渗透作用，形成舆论宣传强势，促进强大的区域技术创新能力的生成。从体制、组织管理的视角出发，构建既利于创新个体成功，又利于群体协同发展的创新机制。加强区域技术创新的硬件环境建设，加强硬件平台建设、创新工作环境以及技术设备等建设，为技术创新打造良好的物态文化。抓好创新文化软件环境建设，将创新精神与创新企业的形象、规章制度等融合在一起，统筹协调，为区域技术创新提供良好的软基础。加强区域技术创新社会环境建设，完善人才培育体系，为区域创新人才提供良好的成长环境。

1.2 营造良好市场环境

在本质上，创新不仅仅是一种政府行为，更是一种市场行为。因此，创新体系的建设需要政府政策的引导和扶持，其中完善的法律法规是前提条件，而完善的市场环境则是根本保障。在这一方面，政府应当“培育市场、制定政策”，起到“创造环境、营造气氛"的作用。各级政府应针对本地区的实际，扮演好政策制定者和执行者的双重角色，发挥政府部门在推进区域创新体系建设中的协同作用，在政策扶持、土地审批和创新服务等方面，都予以一定的倾斜，为各企业营造公平的创新环境、发展环境和竞争环境。区域创新条件较差、区域创新能力较弱的地区，应切实改变政府职能，制定和调整税收优惠和政府投资等相关政策，增加相应投入，鼓励、诱导科技成果转化，以利于科技成果转化和产学研合作。区域创新条件较好、区域创新能力较强的地区应在深化改革、细化政策上下功夫；既要执行好现有政策、确保现有政策体系能够发挥其应有作用，又要根据产学研合作项目管理运作的规律、推进利益实现机制建设，在产学研合作项目的选择与评价、成果推广、品牌建设上不断推出新举措。

1.3 完善相关法律法规

法规制度是保证区域创新活动规范运作和有序展开的机制保证。南京市必须遵循区域经济技术创新存在与发展的客观规律，尽快出台相关法规制度，加强技术创新制度建设，做到依法创新、依法投资，有效保障知识产权的拥有者和技术创新风险投资者的权益，有效规范技术创新活动各环节的行为，使技术创新活动逐步走上良性发展的法制化轨道。

南京应在现有法律法规的基础上，首先，针对技术创新投资的高科技性、高风险性，在法律层面合理界定技术创新活动的保障范围，明确风险分类、内容、等级等，尽快出台法律法规及实施细则，形成法律体系，要针对性强、易操作；其次，完善现有法律法规，针对现有法律法规在执行过程中存在的问题，查找漏洞，补充完善；最后，整合关于技术创新风险投资的各种法律法规，避免政出多门的现象发生，提高技术创新法律法规适用的规范性和实效性。

1.4 加大优惠扶持力度

企业是技术创新活动的主体，特别是中小科技企业，居于重要主体地位。发达国家中小科技企业之所以能在技术创新方面取得巨大的成就，其主要原因是发达国家都能从战略高度重视中小科技企业的发展，并为中小科技企业提供大量的资金支持。

南京市拥有大量的中小科技企业，面对南京市许多地区普遍存在的企业科技创新投入积极性不高、科技创新动力不足的问题,南京市政府应因地制宜,采取有针对性的策略,加大对科技企业技术创新的资金支持力度,给予科技企业税收优惠和贷款扶持,逐步减轻科技企业技术创新的成本负担。另外,应鼓励企业自发筹集研究资金,大力吸收民间资金,积极引进外资等。这样,既可解决中小科技企业流动资金不足的问题,又能在一定程度上减轻中小科技企业的成本负担。

第 2 节　科技项目融资保障

2.1　健全资本技术市场

风险资本运作包括风险企业与投资企业相互间的选择、风险资本进入与退出等程序,其运作都离不开资本市场的支持。在风险企业初创阶段,有风险企业与投资企业的洽谈、风险资本评估,需要资本市场提供中介服务;在风险企业发展阶段,需要在创业板市场完成套现;在风险企业成熟阶段,具备了主板市场规模,则需要在主板市场融资;对难以实现二板市场或者主板上市的风险企业,也要依赖于场外市场特别是产权交易市场实现风险资本退出。技术市场为风险投资进行项目选择提供了平台,技术市场的成熟运作是风险投资实现有效运作的重要保障。政府应从技术交易、评估、中介等方面积极促进技术市场发展,推进科技资源流动。

2.2　开辟投资来源渠道

目前我国中小企业进行技术创新、从事创新活动所面临的一大问题就是难以获得足够的直接或间接的融资,资金的短缺、融资渠道的不畅已成为制约其发展的主要因素。风险投资是一个高危险、高利润的活动,最终还是需要民间资本作为主体。开辟投资来源渠道,一是在技术创新过程中,充分吸收企业和民间资金,是拓展南京市技术创新风险投资规模的重要途径,国外发达国家有很多成功的先例和经验值得我们借鉴。一方面政府可以先期投资,建立种子基金,在核心技术创新研发阶段予以资金扶持,在后期阶段,可吸收大型企业投资或民间资本共同参与,完成技术创新风险投资过程;另一方面,通过政策鼓励企业和民间资本向高新技术项目领域融资,实现技术创新风险资金来源的多元化。二是吸纳国外资本,使其成为南京市风险投资的重要组成部分。可通过中外合资风险投资机构的设立来进行融资,也可以通过外商的直接投资来进行融资。三是扩展风险投资的融资领域,如可以吸纳一定比重的保险和养老金,为技术创新注入风险资金。

2.3 完善补偿退出机制

风险投资补偿机制是鼓励多方投资,吸纳更大风险投资资金的激励保障制度。科学设计完善的风险投资补偿体系,如税收和补贴等,可以在技术创新的早期阶段得到更多的资金支持。南京市在具体优惠政策的制定过程中,要立足高新技术发展前沿,把握发展趋势,借鉴其他国家区域经济创新体系建设经验,通过制定税收优惠政策、直接或间接提供风险资本等方式,科学地进行补偿,促进南京市风险投资业的发展。进入、运作、退出是风险投资运行的三大阶段,技术创新风险投资的退出,代表着整个风险投资计划的完成。风险投资的退出实现了收益的获取,也盘活了整个风险投资市场,使得风险资金良性循环和流动。在技术创新风险投资资金退出环节中,要注意拓展退出的途径和方式,如公开上市、股权回购等,根据不同的风险投资收益情况进行优选。

2.4 建立信用担保体系

中小企业融资难、担保难,严重地阻碍了自身的快速发展。加强中小企业信用担保体系建设,无疑是缓解中小企业融资困难、促进中小企业健康快速发展的关键所在,也是实现经济、金融双赢的良好结合点。风险投资信用担保可进一步分散投资风险,提升技术创新投资效益。可由政府出面担保,也可由其他风险投资机构担保,要科学地分析和判断,使得更多的资金流向高收益的项目。建立信用担保体系,一要积极扶持省级担保公司发展壮大,扩充其作为行业龙头机构的担保和再担保实力;形成中小企业信用担保的基本力量,对市县担保机构会起到良好的示范辐射和带动作用。二要加强县级信用担保机构建设,扩大体系覆盖面。要按照市场需求建设机构并合理布局,同时使已建担保机构增强实力,扩大担保业务量,有效发挥其应有作用。

第 3 节　培育企业自主创新能力

3.1　打破垄断经营格局

要使企业真正成为创新的主体，必须打破垄断体制，为各企业营造公平的创新环境、发展环境和竞争环境。要打破配置渠道的封闭性，运用市场机制（如公开招标等），打破垄断体制，面向社会有效整合和配置科技资源，广泛吸引区域以外的智力资本向本地区流动，使企业真正成为创新的主体。打破行业垄断现实而稳妥的做法有：第一，逐步为垄断行业引入民间资本、谨慎引入外资；第二，坚决放开垄断行业的产业链条中允许竞争存在的部分；第三，加大对垄断行业的监管力度，规范其服务，提高经营的透明度，大幅度调控其收入，使之与一般行业平均收益水平匹配；第四，推进垄断企业的股权改革和优化重组，推进股权多元化进程，建立现代企业制度，以现代企业产权制度规范其决策行为。

3.2　加大对企业自主创新的支持力度

要通过市场、财政、金融、政策法规和文化等手段大力支持企业成为技术创新中的主体，激发企业潜能，不断提升企业自主创新能力。财税政策激励企业自主创新是传统的，也是比较有效的措施。多年来，南京市在企业自主创新方面出台了系列财税政策，取得了较好的效果，如技术开发费用可用于抵扣应纳税所得额等。为进一步发挥财税政策在企业自主创新的重要作用，一是要提高财税政策的针对性，如新产品方面、研发人员待遇方面；二是加大技术创新项目的补贴额度，拓宽配套资金的渠道和支持力度；三是采取不同地区特色化财政支持策略，可根据地域经济的差别，缩小地域企业创新能力的差距；四是对不同行业实行差异化扶持。目前南京市侧重支持制造产业的企业，对服务产业的企业支持较少，可在服务产业的企业自主创新方面，出台针对性的政策，提升服务产业在区域创新中的地位和作用。

3.3 完善风险保障机制

由于缺乏足够的创业启动资金和一个鼓励创业的环境，在有较高的创新风险以及以成败论英雄的社会环境中，创业者的畏途心理大幅增加。政府应设立创业启动基金，帮助创业者首次创业；实行“伙伴式培训”，解决创业者能力不足的问题，政府参与的培训方式不仅会提升创业者的能力，而且会降低创业风险与成本，调动科技人员的积极性。为鼓励科技人员创业，政府应从创业需要出发，建立和完善相应的服务与风险保障机制，降低创业成本和风险，真正调动创业的积极性。具体可以从这几方面进行考虑：加大创业启动基金的资助力度和范围，提供一系列的创业指导和咨询服务，完善创业人员的人事保障制度。另外，有条件的地区还可以创新人才工作模式，将人才工程与科技创新创业联系起来。

3.4 大力扶持中小科技企业的创新活动

区域创新体系建设的有效与否在很大程度上体现在中小企业的创新活跃程度上，中小科技企业与传统企业以及大型企业相比，企业创业具有高成长、高投入、高回报、高风险的特点，因此也具有更强的技术创新意识和更高的技术创新产出水平。南京市应大力支持中小科技企业的技术创新活动，在创新技术成果转化以及知识产权方面，可采用一定的倾斜政策，予以鼓励和扶持，提升企业竞争力，成长为产业价值链的高端，在国际竞争中占据一定的技术优势。

第 4 节　优化资源配置

4.1 优化科技资源配置

现有的科技资源配置模式忽视了科技资源投入与区域经济发展的关系，关键产业领域科技资源投入不足和局部资源过于集中的现象并存。密切科技资源配置与区域经济发展的关系，首先，在科技政策和科技立项评审上强化产业导向，应注重采纳产业领域和工程实践领域专家意见；其次，要注重成果转化评估，尤其对于应用研究的科技成果，把成果转化作为重要的评价指标，对未能应用的成果一律不予鉴定；再次，改革政府科技奖励制度，突出科技重点，通过科技奖励重点领域的调整，引导科技活动向经济系统延伸。最后，改进项目经费管理，一方面要调整现行科研经费管理规定，平衡好劳务性支出与非劳务性支出的关系；另一方面要加强经费使用的过程管理，重点做好重大项目的审计工作。对于物化科技资源，应提高科技设备设施的利用率。南京市应依托科研机构、高校、政府、行业组织以及企业，以市场化多元投入运作模式，加快战略性新兴产业品牌建设，构筑资源共享、面向企业的自主创新平台。特别要注重在企业建设博士后工作站、工程技术研究中心、高技术研究重点实验室等创新机构，为自主创新知识流动、技术转移、成果转化提供有效载体。

4.2　拓宽人才培养途径

南京市应因地制宜，改善人才培养和引进的条件，创新人才管理政策，吸引高素质人才加盟。经济技术条件较差、区域创新体系建设水平较低的苏北地区，应加大科技投入力度，完善实验研究条件，建设技术成果交易平台和技术服务平台，使广大科研人员的科技活动条件在短时期内有根本性改观，把吸引人才的工作作为经济社会发展的重要政策和战略任务来实施，建立有利于吸引国内外高素质人才的机制，引进紧缺人才“外援”。建立海内外人才交流机制，实现人才队伍建设与国际接轨。充分发挥高校在科技人才培养中的基础作用，挖掘科研机构的创新资源，实施高校、科研机构与企业相结合的人才培养机制，培养面向企业实际问题、理论根基扎实、企业急需的创新型人才。将知名研究机构与重点大学纳入高层次科技创新人才合作培养体系，实现教育资源共享；增设创业投资类课程，使学生具备解决复杂实际问题的能力；大力鼓励和宣传创新，介绍国外在风险投资方面的成功经验，补习风险投资知识，培养风险意识，树立正确投资理念，消除思想障碍。

4.3　建立创新激励机制

建立科学合理的人才激励机制，鼓励科技人员开展形式多样的科技创业。支持科研机构、高校人员到企业兼职创业。在坚持兼顾公平、优先效率的原则下，将人才的收入与工作绩效、岗位职责、实际贡献以及成果产生的效益直接关联，激励人才多作贡献、多得报酬，让人才创新、创业、创优有地位、受尊敬、得利益。与国际惯例接轨，符合高新技术企业的特点，建立相应的经营管理制度和分配制度，逐步健全持股经营和技术入股制度，鼓励专利或创新成果作价入股，加快科技成果转化为现实生产力。

建立客观、规范的补贴转移和税赋转移机制，通过财政补贴和税收减免等政策，调整创新人才及所在单位的收入分配结构。实行协议年薪工资制，政府要不断完善和调整科技奖励制度，对有杰出贡献的科技人员可实行奖励期权、股权等多元分配方式，形成工资报酬与效益贡献相挂钩的分配机制。允许高层次创业人才兼职兼薪，设立“突出创新人才”奖励，表彰有突出贡献的创新人才，形成对科技创新人才的“政府为引导、用人单位为主体、社会力量为补充”的多元奖励机制，激发各类人才创新创业的主动性、积极性，为加快建设南京市创新型城市营造良好环境。

第5节　构建区域协同创新网络

5.1　加强产学研合作条件建设

条件和环境是产学研合作的基础，也是区域创新体系建设的前提条件。不同地区应根据自身优劣势实际，搭建产学研信息交流与合作平台，鼓励建设大学科技园，强化学校科技成果的产业化管理能力，支持在大学科技园、高新区内建立产学研示范区，发挥集群优势，形成产学研合作的集聚区。

按照“服务产业化、功能社会化、组织网络化”的原则，健全科技服务组织，引导科技服务机构朝规范化、规模化和专业化方向发展，充分完善和发挥技术评估、技术经纪(技术交易)、科技服务及信息咨询等方面的职能，促进科研机构、高校与企业之间的有效联合，构筑网络化的市场体系，促进区域内外要素的合理流动，优化资源配置，提高区域内知识和技术创新能力。

南京是高校和科研院所相对集中地区，应依托高校优势学科，结合地区未来产业发展方向，建立专项基金促进优势学科的技术转化；建立专项配套基金鼓励企业与高校科研机构的合作，鼓励企业通过与高校和科研机构合作解决技术难题，对企业重大科技攻关项目和具有广阔发展前景的科研研究课题实施优先扶持。

5.2　增强科技中介机构服务能力

科技中介机构在技术创新活动中起着桥梁、纽带的作用，是技术、知识和资金等流动的中介，是技术创新健康发展的重要环节之一。打造精品中介机构工程，孵化骨干中介机构，树立"品牌"效应，引领、示范整个行业的发展，是提升中介机构服务能力的重要途径。

南京市应充实科技中介机构的服务力量，整合区域科技技术资源，构建资源共享的服务平台，为科技创新提供基础性平台，提升服务能力和水平，为科技创新提供有力的资源支撑。一要依照国家和教育改革政策，将一些相关的行政和事业机构转变为科技中介机构，推行企业化市场运作；扶持实力雄厚的大型国用或民营企业与科研单位联合成立科技服务类中介机构；发挥高校或科研机构的信息资源多、高层次人才多的优势，在它们下面可以设立科技中介机构。二要依靠政府的监管、市场的规范与调节、社会监督以及公众评议等要素，规范中介机构。通过制度来规范其服务流程和服务行为，通过职业标准来规范其业务流程，使中介机构的各项工作规范有序，整个中介机构行业健康可持续地发展。三要创新服务方式和手段，充分利用现代信息技术，开展特色化服务、专业化服务、多元化服务、精确化服务，进一步提高服务质量水平，推进服务向深层次发展。

5.3　创新产学研合作模式

选择有效的产学研合作模式对于推进产学研合作至关重要。政府通过适当的政策引导措施，把高校教师"赶进企业"，结合企业的实际问题，与企业进行联合研发和创新活动，切实提高自身的"实战性"教学水平和研究能力。推进和加强"请进来"人才培养策略。采取联合培养、兼职教授等措施，把优秀企业人才请进课堂，提高教育的针对性和实用性，培养面向企业实际问题、理论根基扎实、企业急需的创新型人才，加快学科优势直接转化为创新优势。

根据南京市的实际情况，重点通过建立联合创新对子，发展与南京市产业发展重点相契合的高新技术产业园区，实现产学研有机联合。联合创新对子的存在形式和合作内容多种多样，如共同组建工程研究中心、共建联合实验室、共建培训基地、组建联合技术攻关(研究)团队、举办专门性研讨会(交流会)等等。建立联合创新对子是指企业与高校或科研院所在平等协商的基础上，结成具有长期、稳定合作关系的“1＋1”创新伙伴，这是一种新型联合创新模式。在该种模式下，高校和科研机构的科研活动，要面向一家具体企业或某个特定行业；企业的科技创新活动，尤其是进行技术攻关活动，需要与研究机构或高校联合开展研究；双方在信息交流、人员往来、资金使用等方面，保持长期密切合作。

高新技术特色产业园区及相关产业聚集区建设也是推进南京市产学研合作深入的有效方式之一。高新技术产业园区是产学研合作的良好平台，南京市各级政府应进一步规范化、精确化高新技术产业园在服务产学研合作中的作用，根据产业技术创新的重点，为企业量身打造特色服务、精准服务，提高服务的层次和水平。同时，加大基础平台硬件设施建设，不断拓展服务范围，构建各种不同的服务平台，如人才培育、融资和成果转化等，汇集高层次研发力量，形成一批高层次的高新技术产业集群。

本书的前期研究基础

[1] 王圣元,陈万明. 创新企业种群成长动力学分析[J]. 数学的实践与认识,2019,49(20):53-59.

[2] 王圣元,陈万明. 创新生态系统中两斑块种群关系研究——以江苏、浙江的工业企业为例[J]. 数学的实践与认识,2017,47(22):18-25.

[3] 王圣元,陈万明,周蔓. 供给侧改革中的人力资本结构优化研究[J]. 工业技术经济,2016,35(11):18-22.

[4] 王圣元,陈万明,周蔓. 异质性人力资本对经济增长作用区域差异研究[J]. 工业技术经济,2016,35(2):148-153.

[5] 王圣元,陈万明,赵彤. 零工经济:新经济时代的灵活就业生态系统[M]. 南京:东南大学出版社,2018.

[6] 王圣元,戴孝悌. 创新生态系统:理论与实践研究[M]. 南京:东南大学出版社,2017.

[7] 王圣元,王小波,赵彤. 电子商务概论[M]. 南京:东南大学出版社,2017.

[8] 王圣元,赵彤. 战略管理(英文版)[M]. 南京:东南大学出版社,2015.

[9] 王圣元,王小波,沈毅. 市场营销学[M]. 南京:东南大学出版社,2014.

参 考 文 献

[1] 陈万明,王圣元.产业内竞争、技术进步与增长收敛性测度——基于生态学视角[J].科技管理研究,2018,38(02):119-124.

[2] Lundvall B A, Vinding A L. Product innovation and economic theory—user-producer interaction in the learning economy [M]//Research on Technological Innovation, Management and Policy. Bingley: Emerald (MCB UP): 101-128.

[3] 克里斯托夫·弗里曼.技术政策与经济绩效:日本国家创新系统的经验[M].张宇轩,译.南京:东南大学出版社,2008.

[4] OECD. The Knowledge Based Economy[R]. 1996—1997.

[5] OECD. The National Innovation System[R]. 1996—1997.

[6] PCAST. Sustaining the Nation's Innovation Ecosystems, Information Technology Manufacturing and Competitiveness[R]. 2004.

[7] PCAST. Sustaining the Nation's Innovation Ecosystem: Maintaining the Strength of Our Science & Engineering Capabilities[R]. 2004.

[8] Moore J. Predators and prey: a new ecology of competition[J]. Harvard Business Review, 1993,71(3):75-86.

[9] Helfat C E, Peteraf M A. Managerial cognitive capabilities and the microfoundations of dynamic capabilities[J]. Strategic Management Journal,2015,36(6):831-850.

[10] Adner R. The Wide Lens: A New Strategy for Innovation[M]. London: Penguin, 2012.

[11] Chesbrough H. Open innovation: the new imperative for creating and profiting from technology[M]. Boston: Harvard Business School Press, 2003.

[12] Amit R, Zott C. Crafting business architecture: the antecedents of business model design [J]. Strategic Entrepreneurship Journal,2015,9(4):331-350.

[13] Salonen A, Jaakkola E. Firm boundary decisions in solution business: examining internal vs. External resource integration[J]. Industrial Marketing Management,2015,51(5):171-183.

[14] Lumineau F, Henderson J E. The influence of relational experience and contractual governance on the negotiation strategy in buyer-supplier disputes[J]. Journal of Operations Management,2012,30(5):382-395.

[15] Carson S J, Madhok A, Wu T. Uncertainty, opportunism, and governance: the effects of volatility and ambiguity on formal and relational contracting[J]. Academy of Management Journal,2006,49(5):1058 - 1077.

[16] Wareham J, Fox P B, Cano Giner J L. Technology ecosystem governance[J]. Organization Science,2014, 25(4):1195 - 1215.

[17] 孙福全.创造有生命力的创新生态系统[N].经济日报,2012-02-01(15).

[18] 刘丹,闫长乐.协同创新网络结构与机理研究[J].管理世界,2013(12):1 - 4.

[19] 梅亮,陈劲,刘洋.创新生态系统:源起、知识演进和理论框架[J].科学学研究,2014,32(12):1771 - 1780.

[20] 赵放,曾国屏.多重视角下的创新生态系统[J].科学学研究,2014,32(12):1781 - 1788.

[21] Minniti M. The Dynamics of Entrepreneurship: Evidence from Global Entrepreneurship Monitor Data[M]. Oxford: Oxford University Press,2013.

[22] 吕一博,蓝清,韩少杰.开放式创新生态系统的成长基因——基于 iOS、Android 和 Symbian 的多案例研究[J].中国工业经济,2015(5):148 - 160.

[23] 颜永才.新常态下企业创新生态系统与自主创新战略研究[J].科学管理研究,2015,33(5):74 - 77.

[24] 钱堃,鲍晓娜,王鹏.核心企业主导的创新生态系统新能力开发:一个嵌入式单案例研究的发现[J].科技进步与对策,2016,33(9):53 - 61.

[25] 伍春来,赵剑波,王以华.产业技术创新生态体系研究评述[J].科学学与科学技术管理,2013,34(7):113 - 121.

[26] 吴绍波.战略性新兴产业创新生态系统协同创新的知识投入激励研究[J].科学学与科学技术管理,2013,34(9):71 - 76.

[27] 吴绍波,顾新.战略性新兴产业创新生态系统协同创新的治理模式选择研究[J].研究与发展管理,2014,26(1):13 - 21.

[28] 李恒毅,宋娟.新技术创新生态系统资源整合及其演化关系的案例研究[J].中国软科学,2014(6):129 - 141.

[29] 张利飞,吕晓思,张运生.创新生态系统技术依存结构对企业集成创新竞争优势的影响研究[J].管理学报,2014,11(2):229 - 237.

[30] 陈衍泰,孟媛媛,张露嘉,等.产业创新生态系统的价值创造和获取机制分析——基于中国电动汽车的跨案例分析[J].科研管理,2015(S1):68 - 75.

[31] 刘洪久,胡彦蓉,马卫民.区域创新生态系统适宜度与经济发展的关系研究[J].中国管理科学,2013,21(S2):764 - 770.

[32] 张仁开.上海创新生态系统演化研究——基于要素、关系、功能的三维视阈[D].上海:华东

师范大学，2016.
[33] 曾国屏，苟尤钊，刘磊. 从“创新系统”到“创新生态系统”[J]. 科学学研究，2013，31(1)：4－12.
[34] European Commission. Open innovation 2013 [R]. 2013.
[35] 郭燕青，姚远，徐菁鸿. 基于生态位适宜度的创新生态系统评价模型[J]. 统计与决策，2015，(15)：13－16.
[36] 李福，曾国屏. 创新生态系统的健康内涵及其评估分析[J]. 软科学，2015，29(9)：1－4.
[37] 周大铭. 企业技术创新生态系统运行风险评价研究[J]. 科技管理研究，2014，34(8)：48－51.
[38] 王素芳. 新型城镇化背景下城市创新生态系统生命周期评判研究——以太原市为例[D]. 太原：太原理工大学，2015.
[39] 马克思. 机器、自然力和科学的应用[M]. 北京：人民出版社，1978.
[40] 马克思. 资本论(第一卷)[M]. 北京：人民出版社，2004.
[41] 马克思，恩格斯. 共产党宣言[M]. 北京：人民出版社，2009.
[42] 薛光明. 创新理论的发展与反思：一个理论综述[J]. 经济论坛，2017(12)：145－151.
[43] 熊彼特. 资本主义、社会主义与民主[M]. 北京：商务印书馆，1979.
[44] 熊彼特. 经济发展理论[M]. 北京：商务印书馆，1990.
[45] Henry Chesbrough. Open Innovation: Where We've Been and Where We're Going[J]. Research Technology Management，2012，55(4)：20－27.
[46] 欧阳峣，汤凌霄. 大国创新道路的经济学解析[J]. 经济研究，2017，52(9)：11－23.
[47] 张慧明，蔡银寅. 中国制造业如何走出“低端锁定”——基于面板数据的实证研究[J]. 国际经贸探索，2015，31(1)：52－65.
[48] 马云俊. 创新价值链视角下我国大中型制造企业创新效率评价[D]. 沈阳：辽宁大学，2013.
[49] 罗国锋，林笑宜. 创新生态系统的演化及其动力机制[J]. 学术交流，2015(8)：119－124.
[50] 李文华，韩福荣，王立志. 企业聚集共存机理分析与实证[J]. 北京工业大学学报(社会科学版)，2005，5(2)：6－10＋16.
[51] 黄鲁成，张红彩. 基于生态学的通讯设备制造业的技术创新种群演化分析[J]. 中国管理科学，2006，14(5)：143－148.
[52] 王子龙，谭清美，许箫迪. 产业系统演化模型及实证研究[J]. 统计研究，2007，24(2)：47－54.
[53] 习近平. 坚持总体国家安全观　走中国特色国家安全道路[N]. 人民日报，2014-04-16(1).
[54] 戴翔，张二震，王原雪. 特朗普贸易战的基本逻辑、本质及其应对[J]. 南京社会科学，2018(4)：11－17＋29.

[55] 习近平. 在中国科学院第十九次院士大会、中国工程院第十四次院士大会上的讲话[N]. 人民日报,2018-05-29(2).

[56] 北京立言创新科技咨询中心. 2019 中国创新城市评价报告[EB/OL]. [2020-3-4]. http://www.liven.org.cn/report.aspx.

[57] 周勇,刘君钦,詹可军,等. 创新型省份研究[M]. 成都:电子科技大学出版社,2010.

[58] 李雪艳,赵吟佳,钱雪亚. 人力资本异质性、结构与经济增长[J]. 商业经济与管理,2012(5):82-88.

[59] 陈仲常,谢波. 人力资本对全要素生产率增长的外部性检验——基于我国省际动态面板模型[J]. 人口与经济,2013(1):68-75.

[60] 朱晓东,张忠家,王利军. 我国高等教育对经济增长贡献的区域差异研究——基于人力资本产出弹性视角[J]. 江西社会科学,2014,34(2):82-86.

[61] 罗勇,王亚,范祚军. 异质型人力资本、地区专业化与收入差距——基于新经济地理学视角[J]. 中国工业经济,2013(2):31-43.

[62] 何旭波,郑延平. 异质型人力资本集聚对地区收入差距的影响研究——来自 2001—2011 年省级单位的经验数据[J]. 经济问题探索,2013(11):12-19.

[63] 郭晗,任保平. 结构变动、要素产出弹性与中国潜在经济增长率[J]. 数量经济技术经济研究,2014,31(12):72-84.

[64] Moe E. Energy, industry and politics: Energy, vested interests, and long-term economic growth and development [J]. Energy, 2010, 35(4):1730-1740.

[65] Stern D I. The role of energy in economic growth [J]. Annals of the New York Academy of Science, 2011, 1219(1):26-51.

[66] Apergis N, Tang C F. Is the energy-led growth hypothesis valid? New evidence from a sample of 85 countries [J]. Energy Economics,2013(38):24-31.

[67] Dieck-Assad F A, Peralta E. Energy and capital inputs: Cornerstones of productivity growth in Mexico:1965—2004 [J]. Empirical Economics, 2013, 44(2):563-590.

[68] Kim J, Heo E. Asymmetric substitutability between energy and capital: Evidence from the manufacturing sectors in 10 OECD countries [J]. Energy Economics, 2013(40):81-89.

[69] 黄群慧. 中国的工业化进程:阶段、特征与前景[J]. 经济与管理,2013,27(7):5-11.

[70] 赵鑫铖,谭鑫. 自然资源对中国经济增长的贡献分析[J]. 经济问题探索,2013(7):52-56.

[71] Lin B Q, Xie C P. Energy substitution effect on transport industry of china based on trans-log production function[J]. Energy, 2014(67):213-222.

[72] 蒲志仲,刘新卫,毛程丝. 能源对中国工业化时期经济增长的贡献分析[J]. 数量经济技术经济研究,2015,32(10):3-19.

[73] 王圣元,陈万明,周蔓.异质性人力资本对经济增长作用区域差异研究[J].工业技术经济,2016,35(2):148-153.

[74] Glaser B, Strauss A. The Discovery of Grounded Theory: Strategies for Qualitative Research [M]. Chicago: Aldine Publishing Company, 1967.

[75] 陈向明.扎根理论在中国教育研究中的运用探索[J].北京大学教育评论,2015,13(1):2-15.

[76] 蔡瑞林,陈万明,陈圻.低成本创新驱动制造业高端化的路径研究[J].科学学研究,2014,32(3):384-391.

[77] 张新香.商业模式创新驱动技术创新的实现机理研究——基于软件业的多案例扎根分析[J].科学学研究,2015,33(4):616-626.

[78] 周大铭.企业技术创新生态系统运行风险评价研究[J].科技管理研究,2014,34(8):48-51.

[79] 李晓娣,张小燕.区域创新生态系统共生对地区科技创新影响研究[J].科学学研究,2019,37(5):909-918+939.

[80] 武建龙,刘家洋.新能源汽车创新生态系统演进风险及应对策略——以比亚迪新能源汽车为例[J].科技进步与对策,2016,33(3):72-77.

[81] 王莉,游竹君.基于知识流动的创新生态系统价值演化仿真研究[J].中国科技论坛,2019(6):48-55.

[82] 陈雅诗,刘明广.基于CAS理论的区域创新生态系统演化研究[J].科技和产业,2016,16(9):50-52+64.

[83] 刘和东,陈雷.高新技术产业集聚区生态系统演化机理研究[J].科技管理研究,2019,39(16):199-204.

[84] 李晓娣,张小燕.我国区域创新生态系统共生及其进化研究——基于共生度模型、融合速度特征进化动量模型的实证分析[J].科学学与科学技术管理,2019,40(4):48-64.

[85] 王伟光,冯荣凯,尹博.产业创新网络中核心企业控制力能够促进知识溢出吗?[J].管理世界,2015(6):99-109.

[86] 张运生,邹思明.高科技企业创新生态系统治理机制研究[J].科学学研究,2010,28(5):785-792.

[87] 王燕妮.汽车核心企业创新网络对创新绩效的影响机理研究[D].北京工业大学,2013.

[88] 杨皎平,张恒俊,侯楠.集群企业间关系强度对合作技术创新的影响——基于企业类型和创新类型的视角[J].运筹与管理,2015,24(1):280-287.

[89] Gawer A, Henderson R. Platform owner entry and innovation in complementary markets: evidence from intel[J]. Journal of Economics & Management Strategy, 2007, 16(1): 1-34.

[90] 任胜钢,孟宇,王龙伟.企业网络能力的结构测度与实证研究[J].管理学报,2011,8(4):531-538.

[91] Möller K, Halinen A. Business relationships and networks: managerial challenge of network era[J]. Industrial Marketing Management, 1999, 28(5): 413-427.

后 记

在经济思想史上，随着经济增长从初级阶段向高级阶段演进，技术创新理论在逐步走向成熟和完善，其核心问题就是技术进步作为经济增长的重要驱动力怎样发挥作用，或者说是技术进步促进经济增长的内在机理。关于经济增长动因的研究主要有斯密式增长、熊彼特式增长两条脉络。斯密将经济增长的主要动力归结于社会分工。熊彼特认为企业家创新是推动社会经济系统演进的直接动力，生产技术的革新和生产方法的变革在经济增长中起着决定性作用。

马克思主义经济学并没有从人类文明的道路上独立出来。它借鉴了世界经济发展的经验，运用了经济思想史的智慧。马克思深入研究了社会分工的意义。同时，深入探讨了科学技术的作用。马克思作为创新理论的先驱，为创新驱动的内生经济增长理论的构建作出了积极贡献。熊彼特能够比较早、更加具体地提出了完整的、具有系统性的创新理论，在创新理论研究的某些方面发挥了马克思的创新思想，甚至在创新思想研究的某些方面超过了马克思。但是总体看来，特别是从哲学高度上来看，马克思的创新理论研究的空间更广阔，思维更深刻。

我国在工业化进程中，已基本完成初步积累，建立了世界上门类最全的工业体系，但制造业整体大而不强，众多企业在全球化竞争中处于“低端锁定”的尴尬境地。面对如何改变低端锁定现状、提高企业产品附加值以及抢占全球价值链高端位置等问题，创新被提到一个前所未有的高度上来。中国作为一个相对落后的发展中国家，可以利用自身的优势实现技术赶超，也可以利用适当的技术实现经济趋同。我国的技术创新经历了从高度集中控制到市场化合作创新的过程。我国区域创新增长结构从线性发展到指数变化，创新动力结构从政府推动到市场导向，创新空间结构从城乡相望到市村互动，创新网络结构从梯度发展到干支联动，创新体系结构从科技孤岛到体系通畅。

我国经济发展进入高效率、低成本、可持续发展的中高速增长阶段。在这一阶段，经济增长从资本、劳动力、能源等要素投入驱动型模式转向创新驱动型模式。面对国内外激烈的科技竞争态势，南京市应持续推进科技体制改革，以系统化思维推进创新型城市建设，破解制约创新驱动发展的瓶颈，加快基础科学领域的重大创新突破，加速技术科学领域的产业新旧动能接续转换，支持和推动工程技术领域的企业自主创新，解决公共服务领域科技创新"获得感"偏低问题，全面提升创新对南京高质量发展的支撑能力。

考虑经济高质量发展的时代背景，从适应性演进和共生协同的视角，研究创新生态系统的运行机理与演化，形成有助于激发、调节和完善创新行为的运行机制，比较并阐明创新生态系统的概念，提炼创新生态系统的特征，划分出创新生态系统的发展阶段并阐释系统演化发展的机理，分析创新种群间共生协同关系所形成的协同效应，探究企业创新生态系统的运行机制。通过理论分析提炼一流创新生态系统的内涵，提出一流创新生态系统的评价标准，判别南京市创新生态系统建设的健康状况，并在实践上参照创新建设先进城市，多维度全方位地找差距，以准确掌握南京市在构建一流创新生态系统的优势与劣势，从而深入分析南京市创新建设存在的突出问题和原因。

在此基础上，提出具有较高应用价值，旨在助推南京市构建一流创新生态系统、加快提升一流创新名城建设水平的政策咨询建议与对策。将生态学、生态系统理论、创新管理理论与经济发展理论相结合，结合生态系统发展的各种规律和特征来研究创新生态系统，为理解创新生态系统中各利益相关者关系和系统运行机制提供一种新的研究思路。引入生态理论中的种群生命周期理论、种群合作原理作为测度方法，对创新生态系统的适应性演进进行定量分析，有助于为创新生态系统从量变到质变的演化机理提供确切的阐释依据。

本书撰写过程中得到了"江苏高校哲学社会科学研究基金项目：共享经济视阈下的企业创新生态系统运行与演化机理研究（项目编号：2018SJA0421）""南京市重点培育学科应用经济学（培育学科）项目（项目编号：宁教高师（2017）7 号）""南京晓庄学院 2019 年度校级科学研究项目（人文社科类青年专项）：南京构建全国一流创新生态系统对策研究（项目编号：2019NXY35）""南京晓庄学院商学院高层次课题培育项目：共享经济视阈下的企业创新生态系统运行与演化机理研究"等研究项目的资助。特别感谢东南大学出版社责任编辑孙松茜老师的辛勤付出，本书是在孙老师帮助下出版的第 6 部书。由于水平有限，不足之处敬请各位读者指正。

作者

2020 年 3 月